EL MALAGÓN (CÚLLAR, GRANADA)

Guía arqueológica oficial del yacimiento de la Edad del Cobre

 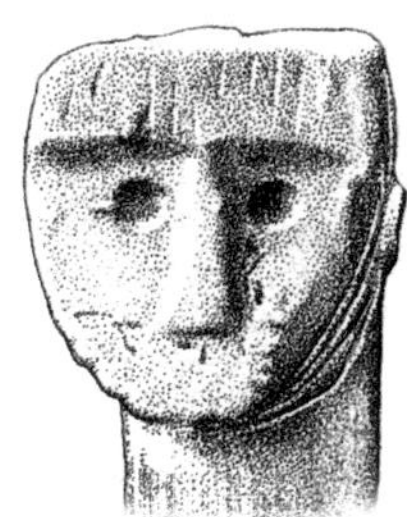 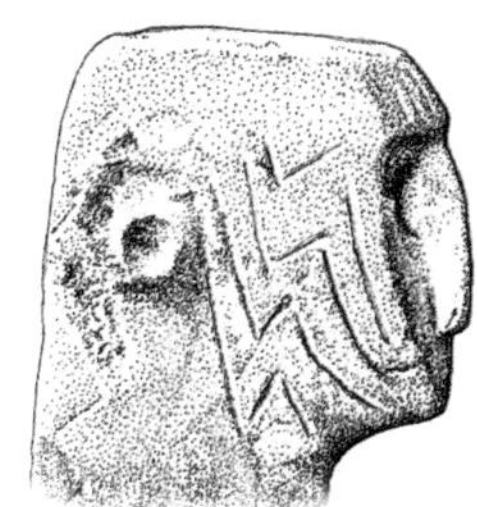

Auxilio Moreno Onorato
Fernando Molina González
Francisco Contreras Cortés

Granada 2026

GUÍAS ARQUEOLÓGICAS UGR   N 3

ISBN: 978-84-338-7690-4

Depósito Legal: Gr. 149-2026

Edita: Editorial Universidad de Granada

Campus Universitario de Cartuja. Granada

Telfs.: 958 24 39 30 - 958 24 62 20 • editorial.ugr.es

Diseño publicación, tratamiento imágenes y diseño de cubierta:
Miguel Salvatierra Cuenca

Imprime: Podiprint. Antequera, Málaga

Printed in Spain / Impreso en España

Esta guía se ha financiado con cargo al Departamento de Prehistoria
y Arqueología, la Unidad de Excelencia "Archaeometrical Studies.
Inside the artifacts & ecofacts" dentro del Proyecto QUAL21-13 *"Propuesta para preparación de nueva solicitud a las próximas convocatorias María
de Maeztu de la Unidad Científica de Excelencia "Archaeometrical Studies:
Inside the artefacts & ecofacts" de la Universidad de Granada. Ayudas para
el fortalecimiento de entidades del sistema andaluz del conocimiento para la
adquisición del sello «Severo Ochoa» o «María De Maeztu»"* y la Editorial
Universidad de Granada.

Sumario

EL MALAGÓN EN SU CONTEXTO 5

HISTORIA DE LA INVESTIGACIÓN 9

EL TIEMPO: LA SECUENCIA ESTRATIGRÁFICA DE EL MALAGÓN 13

EL PAISAJE EN LA EDAD DEL COBRE 17

EL POBLADO DE EL MALAGÓN 21

LAS CABAÑAS Y LA FORTIFICACIÓN 25

LAS BASES DE SUBSISTENCIA 29

LA ACTIVIDAD MINERA Y METALÚRGICA 33

LAS ACTIVIDADES ARTESANALES: LA ALFARERÍA 39

LA PRODUCCIÓN TEXTIL 43

LOS PRODUCTOS ÓSEOS Y LÍTICOS 45

EL MUNDO SIMBÓLICO 49

EL MODELO POLÍTICO 53

LA PUESTA EN VALOR DEL YACIMIENTO 57

Vista general hacia el Altiplano, al Este

1

El yacimiento de El Malagón está situado junto al cortijo del mismo nombre, a unos 14 km. al este de la localidad de Cúllar (Granada) y en su mismo término municipal. Esta zona se puede considerar una prolongación hacia el este de la altiplanicie Baza-Huéscar, denominada Pasillo de Chirivel, una importante vía de comunicación entre la costa mediterránea y las altiplanicies de la Alta Andalucía.

El sitio está enmarcado por las estribaciones de las sierras de Oria y del Madroñal por el sur y por la Sierra de Orce al norte. Por su margen izquierda el yacimiento está delimitado por el Barranco de los Hornicos y por su margen derecha por el barranco de las Zahurdas.

Para el emplazamiento del poblado se escogió una suave loma –actualmente cultivada con cereal de secano–. Los límites del poblado se desconocen por el momento aunque, por los restos de cultura material localizados al exterior del área excavada, podrían extenderse hasta la misma cortijada. Igualmente, en la parte alta del cerro que se eleva a espaldas del poblado se ha documentado una torre de control así como diversas estructuras y restos arqueológicos en la ladera que vierte hacia el poblado.

■ Vista aérea hacia las sierras del Sur

La llegada al yacimiento se puede hacer por dos vías desde la población de Cúllar a través de la autovía A92N, bien tomando la salida en dirección Venta Quemada y desde allí llegar al yacimiento por un camino de tierra, o bien tomando la salida en dirección a Tarifa y seguir igualmente por un camino rural hasta el yacimiento.

En la actualidad el yacimiento cuenta con una cautela legal al estar declarado por la Junta de Andalucía como Bien de Interés Cultural (BIC) con categoría de Zona Arqueológica y estar incluido en el Catálogo General del Patrimonio Histórico Andaluz. (Decreto 271/2001 de 11 de diciembre publicado en el BOJA con fecha 19–1–2002). Sus coordenadas geográficas son 37º 33' 33'' de latitud norte, por 2º 25' 18'' de longitud oeste (meridiano de Greenwich), ofreciendo una altitud de algo más de 1.100 m. sobre el nivel del mar.

■ Planos de ubicación. Fuente: IGN

El Malagón
Cúllar
Venta Quemada
El Azugador
Pulpite
Cerrón
Jaufí
Cuesta de Baza
Pedro García
El Campillo
El Entretraso
El Coto
Casa Abad
Matián
Las Amoladeras
Llano del Abad
El Aliagar
Llano de Cúllar
Cañada Hermosa
Los Gramajos
Los Hornicos
Altos de las Morras
Las Cuerdas
La Canal
Cuesta Colorada
Llano Colorado
Aguaderico 2ª
Aguaderico 3ª
Venta de Víctor
Tarifa
Cerro de las Fuentecicas
Cerro de la Yesera
Cerro del Llano
Orgallas de Pizarra
Cerro de la Mulata
Cerro Marín
Cortijo de los Torres
Barrio Nuevo
Llano Grande
Cerro del Roya
Macincerrea
Llano de Cotarés
El Peñón Negro
Los Mendrugos
Castillo de Cúllar
Motocross Los Lagos
Canalizos de Abarca
Cuesta de Don Miguel
Cerro de la Torrecilla
Cjo. de Pedrosa
Las Teñas
Cno. de la Ventilla
Cerro Ventilla de la Yesera
Cerrico del Águila
Venta Quemada
Cerro de la Venta o del Pantano
Cortijo del Gallinero
Cuesta de Baza
Pulpite
Cjo. Segura
Yacimiento Arqueológico Cúllar-Baza I
Cortijo del Coto de la Aspenilla
Colada del Camino del Sauco
Majada de Masegosa
Hinojora de Abajo
Cortijo de la Hinojora
Pozo de la Hinojora
Gamonal de Abajo
Cerro de la Tía Ana
Cerro del Cántaro
Cortijo de la Bermeja
Lagar del Cervalico
Ermita de S. Antonio
Morra Alta
Morra de los Clérigos
Las Tejedas
Morra de la Venta del Parral
Colada del Camino de la Venta del Parral
Cortijo del Cañero
Conjunto Arqueológico El Malagón
Alto del Malagón

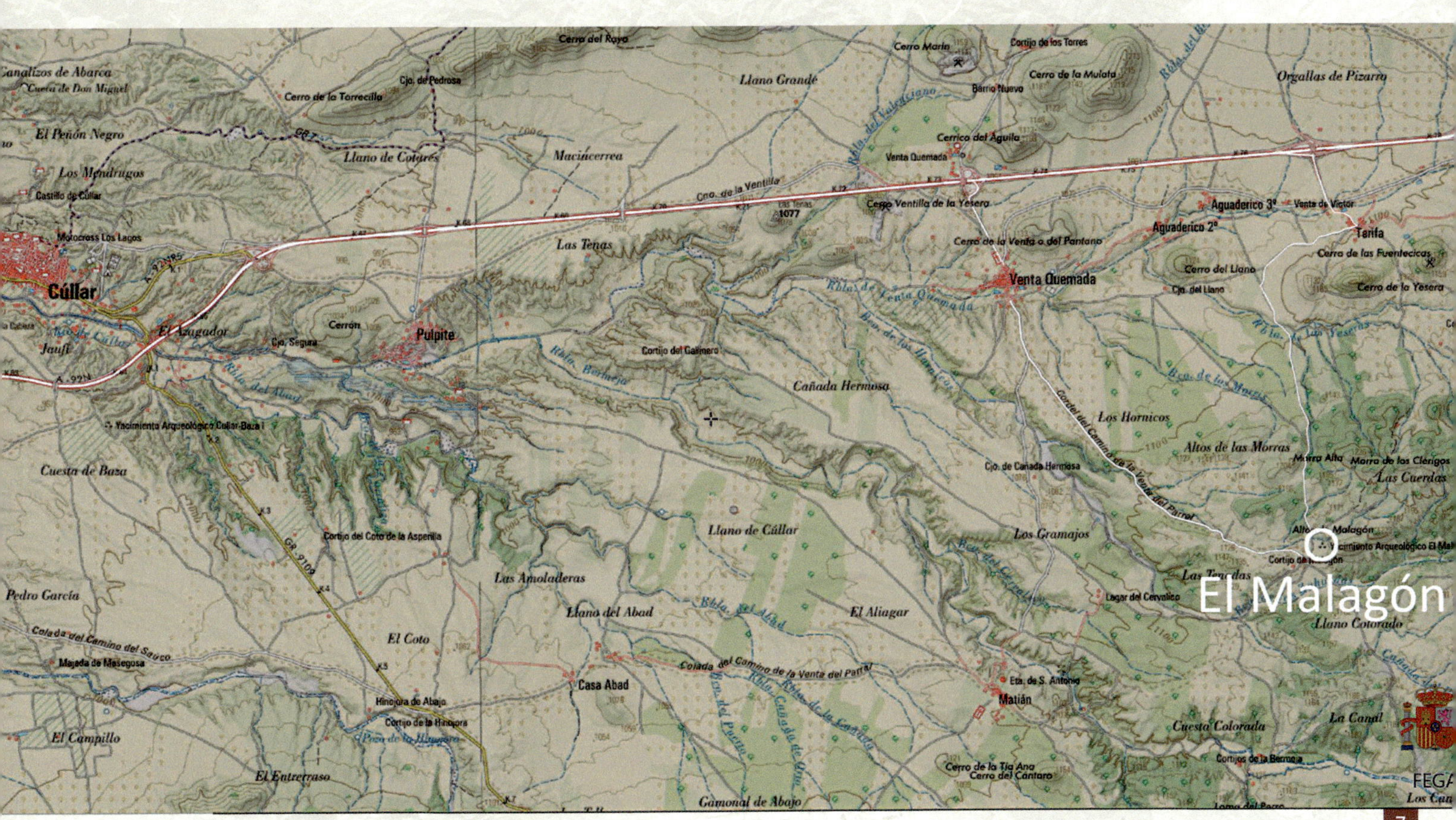

El Malagón

■ Momentos iniciales de la Excavación

2

La primera referencia que se tiene de él fue a raíz del hallazgo de un ídolo antropomorfo de marfil, que había sido sustraído del yacimiento por unos buscadores clandestinos y que, afortunadamente pudo recuperarse para su estudio. Así en el año 1975, una vez valorado el potencial arqueológico que podría tener el yacimiento, se inicia la primera campaña de excavaciones, en el marco de un proyecto de investigación amparado por la Universidad de Granada bajo la dirección de A. Arribas, F. Molina y F. de la Torre.

Como resultado de estos trabajos iniciales se registró un conjunto de siete cabañas, de diferentes dimensiones, correspondientes a tres fases constructivas, así como restos de una potente línea de muralla localizada en el área norte de la zona investigada, que bordearía el poblado. Cronológicamente el poblado de El Malagón se encuadró en la Edad del Cobre del Sureste, formando parte de la Cultura de Los Millares, con similares características a otros dos poblados próximos, el Cerro de la Virgen de Orce y Las Angosturas de Gor. Desde este primer momento El Malagón se interpretó como uno de los yacimientos claves para el conocimiento de los inicios de la metalurgia en las tierras del interior del sudeste peninsular, que a partir de dataciones de C14 se puede establecer en torno al 2900 a.C. aproximadamente, en que comienza la ocupación de las altiplanicies de Guadix, Baza y Huéscar.

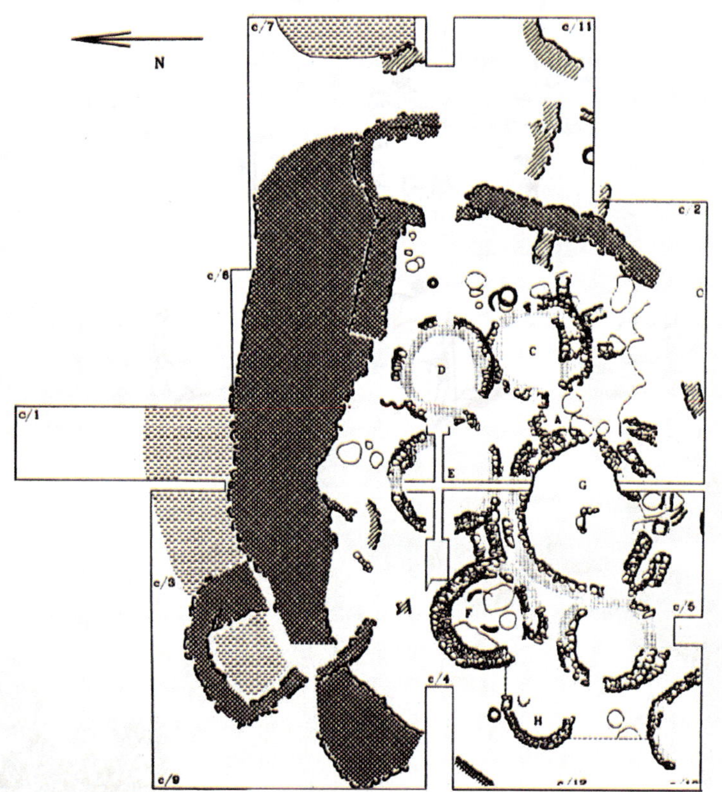

En 1983 y 1986 se realizaron dos nuevas campañas de excavación dirigidas por F. Molina y F. de la Torre. Con la ampliación del área excavada hacia el sur se puso de relieve la extensión del área del poblado, bastante afectada por las tareas agrícolas en esta zona, mientras que hacia el noroeste se documentó la existencia de un bastión cuadrangular en el ya de por si complejo sistema defensivo. También se localizó una torre en la parte alta del cerro situado al este del poblado, así como posibles áreas de extracción de mineral de cobre (malaquita) en su ladera sur. Los trabajos sirvieron para definir la secuencia del poblado en tres fases, marcada por un incendio generalizado entre la fase II y la III y la irrupción del campaniforme al final de la III fase, en el último momento de ocupación del asentamiento.

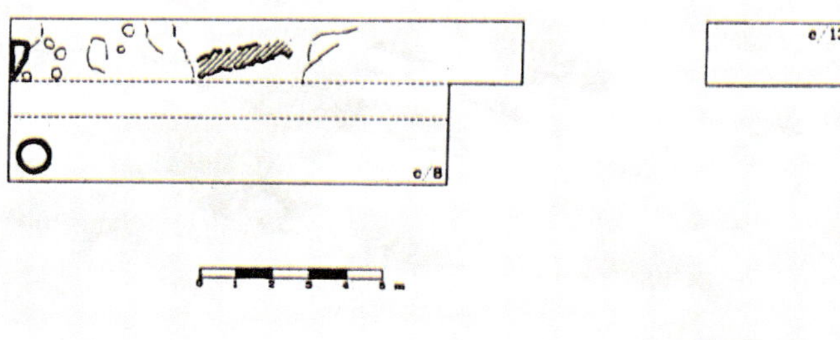

■ Planimetría General tras la Campaña de 1986

A partir de 1985 las actuaciones en El Malagón quedaron integradas en el Proyecto de Investigación "Los inicios de la metalurgia y el desarrollo de las comunidades del Sudeste de la Península Ibérica", aprobado y financiado por la Dirección General de Bienes Culturales de la Consejería de Cultura y Medioambiente de la Junta de Andalucía, adscrito a la Universidad de Granada y dirigido por F. Molina. Dicho proyecto centró sus actuaciones en el yacimiento de Los Millares y en la cuenca baja del río Andarax. Como áreas de contrastación del proyecto, se diseñaron una serie de intervenciones en las zonas del Pasillo de Chirivel-Vélez Rubio y el área oriental de la Depresión Baza-Huéscar, multiplicándose los trabajos de prospección en toda esta zona, lo que permitió la localización de numerosos poblados pertenecientes a los momentos finales del Neolítico (Cultura de Almería) y Edad del Cobre (Cultura de Los Millares).

Al finalizar la última campaña de excavación se realizó una intervención de protección y conservación de las estructuras recuperadas y de los depósitos estratigráficos a la que se sumó pocos años después una actuación de carácter preventivo a instancias de las instituciones locales en la que se protegieron los testigos planteados en excavación mediante mampuestos de piedra. Posteriormente en 2024, gracias a la colaboración entre la Diputación de Granada y el Ayuntamiento de Cúllar y tras muchos años de abandono del yacimiento, se han reanudado los trabajos con el objetivo fundamental de su puesta en valor frenando así su deterioro.

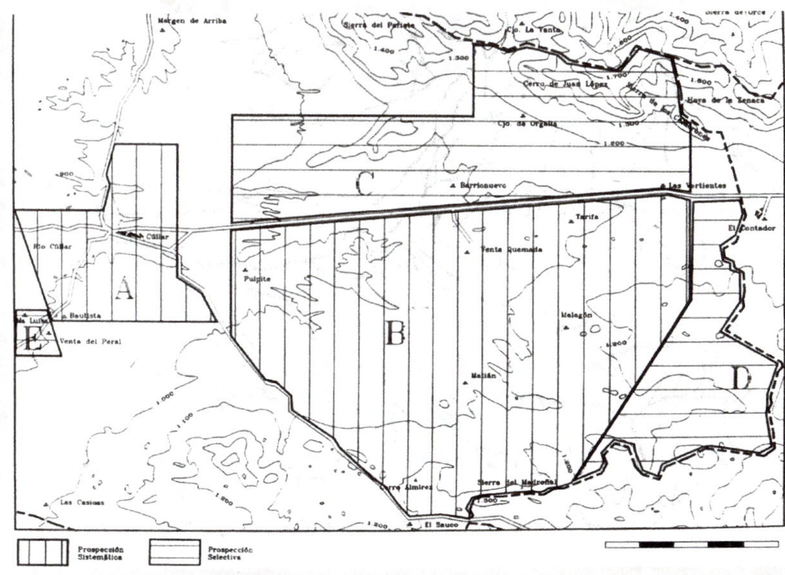

■ Áreas de prospección en el pasillo de Cúllar-Chirivel

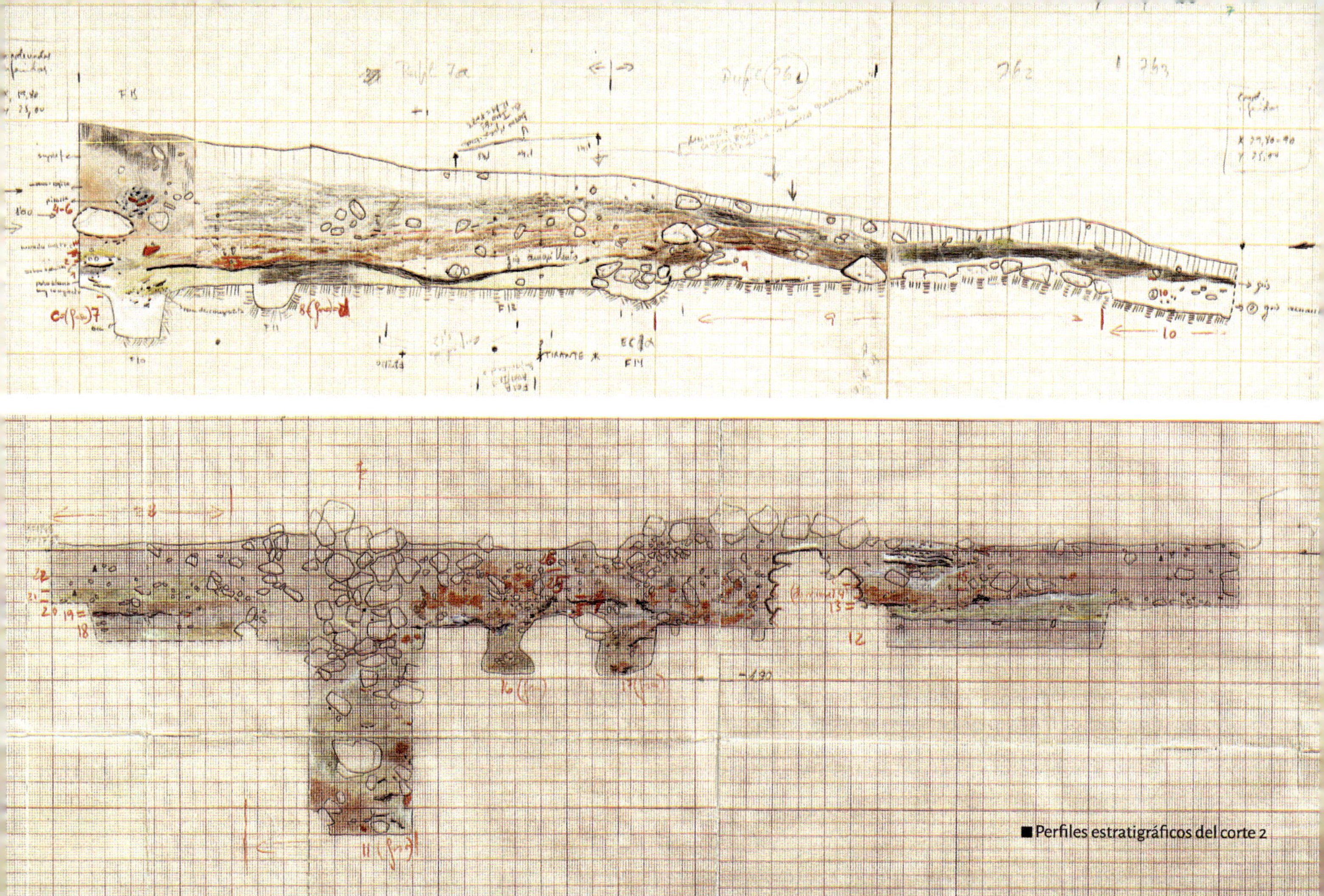

■ Perfiles estratigráficos del corte 2

Desde su fundación en momentos avanzados del Cobre Antiguo o inicios del Pleno, El Malagón presenta una secuencia continua sin que exista ninguna ruptura brusca en su desarrollo cultural hasta el final de su ocupación ya en momentos del Cobre Reciente.

Atendiendo a los diversos sistemas constructivos y a las reestructuraciones llevadas a cabo en el poblado se pueden distinguir tres fases.

Fase I: supone la implantación de un poblado amurallado en el que se pueden distinguir estructuras de fosas excavadas en el terreno natural que, aunque mal conservadas, en su mayoría pudieron utilizarse inicialmente como sistema de almacenamiento del cereal y una vez amortizadas se rellenaron de deshechos y basura, junto con restos de estructuras de cabaña de débil consistencia con posibles zócalos de piedra que no se han conservado. Desde este primer momento el poblado debió defenderse con un lienzo de muralla, cuyos paramentos iniciales se reconocen en pequeños tramos a causa de refuerzos posteriores.

Fase II: se reestructura el espacio conocido en el poblado, construyéndose en un mismo momento varias cabañas circulares que presentan zócalos de piedra, a los que debieron superponerse paredes de

■ Espacio entre las cabañas y la muralla

barro y cañizo y techados cónicos de materia vegetal. Se produce un reforzamiento de los sistemas defensivos que incluyen ahora varios cuerpos adosados al lienzo de muralla, un foso externo y bastiones. Este momento concluye de forma violenta con un incendio generalizado a toda el área excavada que se manifiesta en la estratigrafía por un cúmulo de carbones, cenizas y barro quemado procedente de las paredes, techumbres y materia orgánica caídos sobre los suelos de ocupación.

Fase III: tras el incendio se reestructura prácticamente el área en su totalidad, configurándose un círculo de cabañas que en algunos casos parecen seguir la disposición anterior mientras que en otros van apareciendo otras nuevas que no siguen el esquema anterior. El espacio abierto creado al interior de este círculo de cabañas en un primer momento, será posteriormente ocupado por una cabaña de mayores dimensiones con zócalo de piedras y postes embutidos para sustentación de la techumbre (Cabaña G). La fortificación también sufre modificaciones como la construcción de un bastión o el sellado intencional del foso en algunas zonas, sobre el que habían caído los restos de las paredes incendiadas.

Pese a las evidentes superposiciones de viviendas a lo largo de las fases reseñadas, la potencia de los depósitos y la secuencia

estratigráfica documentada no avalan una perduración temporal amplia, al contrario de lo que sucede en el cercano yacimiento calcolítico del Cerro de la Virgen de Orce. Todo ello concuerda con las dataciones absolutas disponibles (5 fechas obtenidas con el método del Carbono 14 sobre muestras de ramas y madera procedentes en su mayoría de especies vegetales de vida corta), cuya probabilidad media se situaría entre el 2600 y el 2300 cal. a.C. Teniendo en cuenta la situación de las muestras en la secuencia podría plantearse que la fundación del asentamiento tuvo lugar hacia el 2700 a.C y la ocupación pudo perdurar unos 3 siglos hasta el 2400 a.C.

■ Paisaje actual similar al que pudo existir en el entorno del Malagón en la Edad del Cobre.

4

Los estudios antracológicos realizados a partir del registro arqueológico de El Malagón y del cercano Cerro de la Virgen (fases I y II) muestran en la Edad del Cobre una vegetación en la que, en el caso del Altiplano, se distinguiría el coscojal en el centro de la Depresión de Huéscar y el encinar en los bordes de ésta, siendo posible en las Sierras de Orce y Las Estancias el desarrollo de robles melojos y alcornoques con asociación de algunas especies caducifolias (quejigo). En general, las condiciones bioclimáticas del Altiplano serían de tipo mesomediterráneo con inviernos templados y unas condiciones más húmedas que las actuales.

Una sociedad agrícola como la que ocupaba este territorio durante la Edad del Cobre necesitaba disponibilidad de tierra para los cultivos. La mayoría de los poblados localizados en las prospecciones realizadas en el Pasillo de Cúllar-Chirivel se sitúan cerca de suelos arables y en la mayoría de los casos cerca de fuentes y pequeños cursos de aguas, aunque desde los inicios de la Edad del Cobre comienzan a primar otros intereses en la elección de los emplazamientos, entre los que destaca la proximidad a filones cupríferos, como en el caso de El Malagón, e incluso la elección de emplazamientos altamente estratégicos en el control del territorio (hecho que se generalizará en la Edad del Bronce). Ambas estrategias vendrían posibilitadas por el contexto geomorfológico y geológico del Pasillo de Cúllar-Chirivel.

■ Vista aérea de El Malagón

Para valorar, sin embargo, las posibilidades agrarias del medio hay que tener en cuenta la cubierta forestal existente en el pasado, las influencias que ésta pudo tener en el mantenimiento de una mayor humedad relativa y los costes que supondría, con la tecnología disponible, el desarrollo de una importante actividad deforestadora. Los datos antracológicos y polínicos nos ofrecen un cuadro variado de especies arbóreas y herbáceas. Diversas especies nos hablan de condiciones mayores de humedad, como el abedul y el haya. En torno a la ribera del Arroyo de las Zahurdas, al sur del yacimiento, habría que situar especies típicas del bosque galería como el chopo, el sauce, el fresno, el sauco y el taray.

El paisaje fuera de la ribera estaría dominado por los diferentes tipos de Quercus, entre los que la presencia de hoja caduca nos habla también de unas condiciones mayores de humedad. Se ha

señalado la presencia en las zonas más altas de Pinus halepensis y Pinus sp. y la intrusión de ellos en zonas antes dominadas por el Quercus gracias al aclarado antrópico de la vegetación, fenómeno que se produciría a finales de la Edad del Cobre y durante la Edad del Bronce.

En cuanto a la fauna salvaje identificada, destaca la presencia de corzo, ciervo, jabalí, cabra montesa, conejo, liebre así como diversas aves. Sus restos aparecen con gran profusión en los basureros de las cabañas. Esta combinación de especies nos habla de la presencia tanto de áreas abiertas como de extensiones considerables de bosque. La representación de jaras, juagarzos, romero y brezo, así como la importante presencia de gramíneas (entre ellas la cebada desnuda) nos informan de la existencia de esas áreas abiertas que serían las utilizadas para el cultivo.

■ Vista aérea del poblado

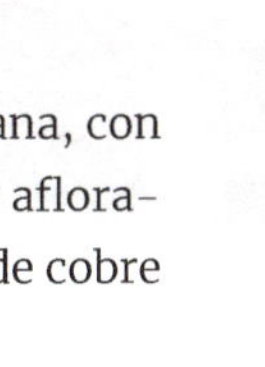

El poblado calcolítico de El Malagón, de una extensión aproximada de unas 3 hectáreas, sobre una superficie de forma más o menos oval, está compuesto por un núcleo de cabañas circulares, que dejan espacios abiertos en los que se realizarían diversas actividades productivas y de carácter artesanal. El conjunto estaría preservado del exterior por un lienzo de muralla, documentado en su costado norte y con orientación este-oeste, que conserva restos de una puerta de acceso al interior del asentamiento.

Los límites del yacimiento serían los siguientes: hacia el este, el extremo oriental de la cresta rocosa en que se asienta una torre de control y en cuyas laderas norte y sur se ha comprobado la existencia de varios muros y áreas de actividad, quizás metalúrgica; por el sur, la zona de habitación pudo extenderse hasta los terrenos ocupados por la cortijada actual, justo por donde discurre la Rambla de Cañada Hermosa; el límite oeste podría situarse aproximadamente a la altura del actual sendero de El Malagón (PR-A 417), y finalmente por el norte todo el conjunto quedaría delimitado por el llamado Barranco de Los Hornicos.

El poblado se ubica geográficamente en un lugar estratégico, sobre una suave loma que cuenta con los recursos necesarios para el desarrollo de la vida cotidiana, con terrenos cercanos para el cultivo y afloramientos acuíferos y de minerales de cobre junto al propio asentamiento.

■ **Posible delimitación de El Malagón**

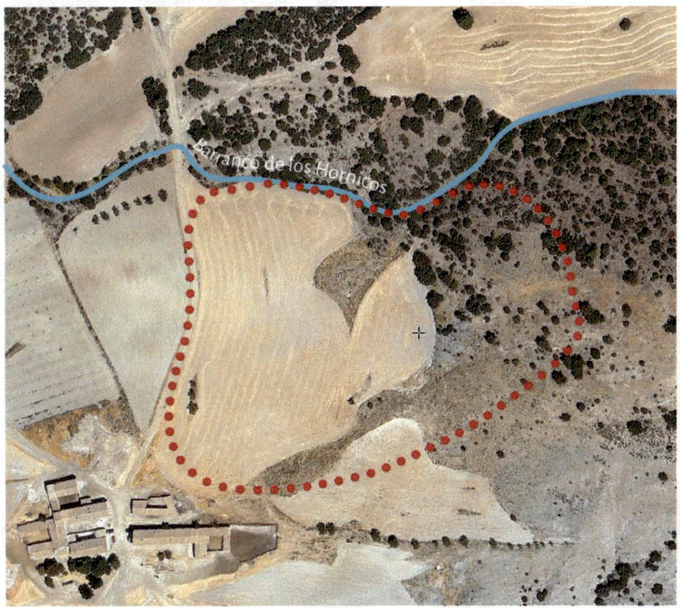

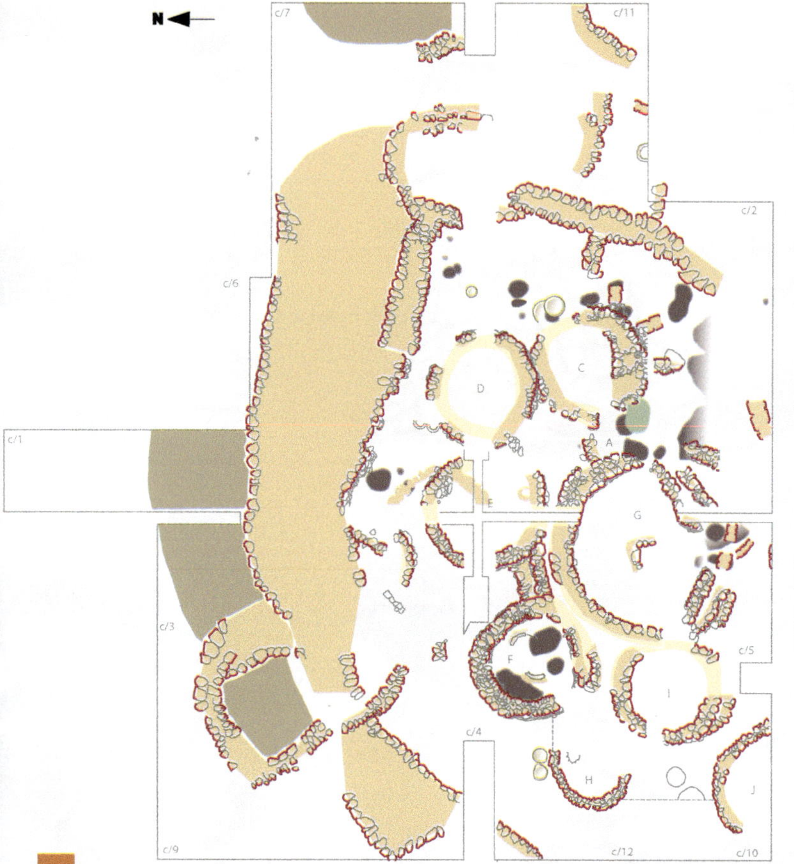

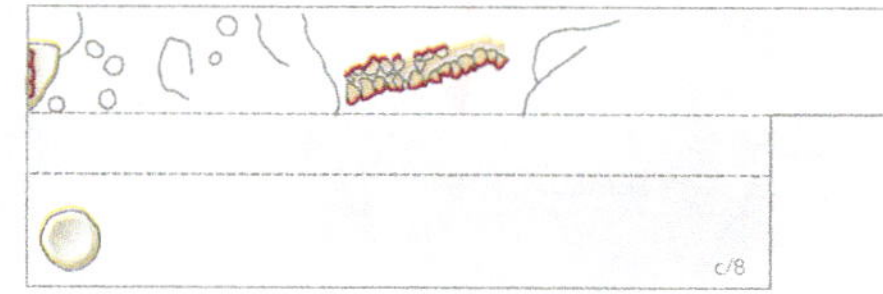

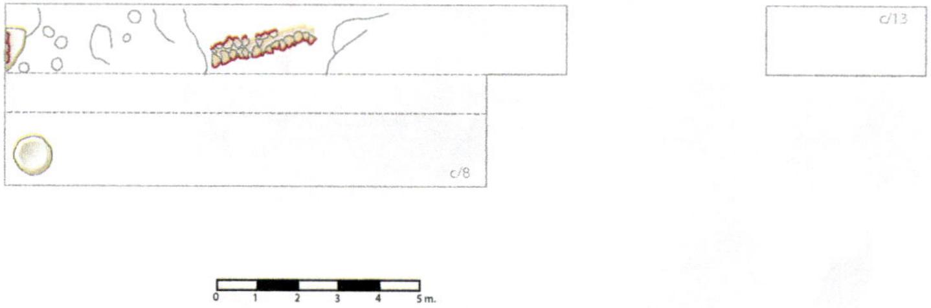

Gracias a las intervenciones arqueológicas, podemos señalar que el poblado de El Malagón se articula siguiendo unos parámetros defensivos, constructivos y de organización espacial que lo vinculan con otros yacimientos del Sureste, como Los Millares.

En base a los resultados de la investigación realizada hasta el momento, la secuencia que muestra El Malagón es la de un poblado que se mantuvo durante un periodo de tiempo relativamente corto, con una sucesión de reestructuraciones que corresponden en el espacio excavado a tres superposiciones de viviendas. Al menos un incendio afectó de forma generalizada a este espacio obligando al desmantelamiento y reorganización de las casas localizadas.

En cuanto a la muralla, que debió de tener un potente zócalo de mampostería y un alzado de barro, contaría, como se ha señalado, con un foso al exterior, de unos 2 m de profundidad, detectado en dos de las zonas intervenidas y con al menos un bastión al parecer macizo en su zona noroeste. En un momento más avanzado, pero anterior al incendio, se construye lo que parece una torre en el extremo nordeste, junto a la puerta de entrada.

■ Muralla exterior

Las cabañas, de planta circular y de dos metros aproximadamente de diámetro, presentan un zócalo de piedra trabado con mortero de barro, de un metro de altura, y paredes formadas por barro y cañizo a partir de las cuales se levantaría la techumbre cónica con un entramado de ramaje, cañizo y barro. Las piedras de los mampuestos se obtendrían bien de los arroyos cercanos o se extraerían mediante cantería de los afloramientos rocosos existentes en las proximidades del poblado. Esta tecnología constructiva se constata en la existencia de hoyos de poste, a menudo embutidos en los muros y está bien documentada también en los restos del incendio y derrumbes ocurrido al final de la Fase II, en los que se registran grandes masa de barro con las improntas de ramas y cañizos.

En el interior de las cabañas son escasos los restos estructurales que se documentan, excepto las de hogares, típicos en la Cultura de Los Millares, de alrededor de un metro de diámetro y formados por un anillo de barro en cuyo interior se hallan las cenizas producto de las combustiones. Su ubicación en el centro de la cabaña nos hace pensar en una salida de humos en el techo cónico de estas viviendas.

Este tipo de cubierta parece ser la posibilidad más acertada si tenemos en cuenta la dispersión de los elementos de la techumbre tras su desplome como se ates-

■ Hogar de barro con restos de ceniza

■ Restos de barro con improntas de materia orgánica

■ Planta de las cabañas D y E

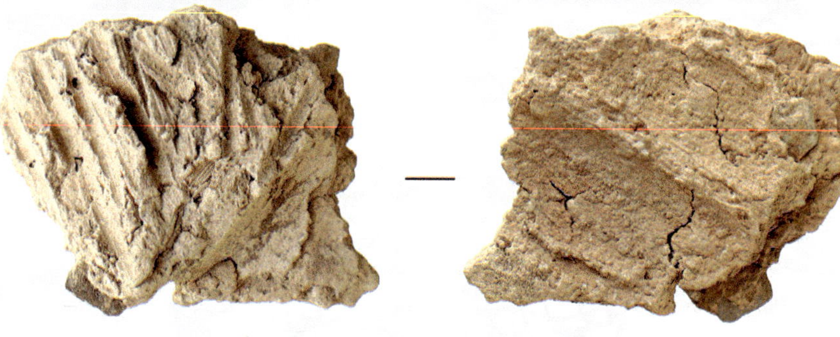

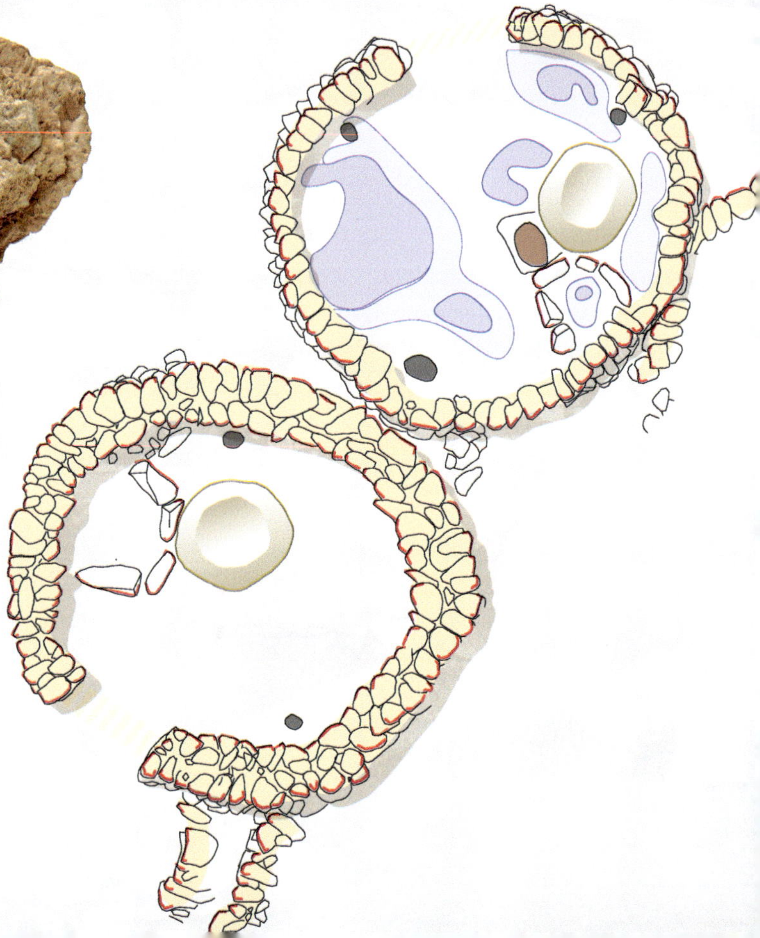

tigua en la cabaña E. Igualmente hay constancia de que algunas de las cabañas estarían encaladas por el interior (cabaña G).

Dado que solo se ha excavado una pequeña parte del yacimiento, solo conocemos un tramo del sistema defensivo de lo que consideramos es la acrópolis del poblado, en la zona más elevada y resguardada del asentamiento, donde se ubican las cabañas excavadas rodeadas por un recinto amurallado. El tramo de muralla conservado, de unos 24 m de longitud, presenta un metro de altura aproximadamente y más de tres metros de anchura, con varios cuerpos de refuerzo adosados al lienzo principal y siempre con aparejo de piedra de mediano a gran tamaño trabado con barro rojizo. Es posible que el alzado de la muralla se completara con un alzado de barro hasta conseguir una altura aproximada de unos tres metros, si nos fijamos en el modelo del poblado de Los Millares.

Se han podido descifrar otros elementos que completan el sistema defensivo. Así, desde sus inicios contaría con un foso externo y paralelo a la muralla, que acentuaría su in-accesibilidad. En momentos posteriores se rellena este foso y se le adosa al cuerpo de muralla un bastión rectangular de grandes dimensiones y lo que parece ser una torre en el extremo noroeste y otra al noreste que integra la entrada al área de cabañas.

A pesar de las evidencias que muestra el área ya excavada, es posible, si tenemos en cuenta el modelo de Los Millares, que el poblado contase con varios anillos defensivos, de los que por el momento no han quedado registros en los sondeos practicados debido a la afección de las labores agrícolas desarrolladas. Sin embargo, en las prospecciones arqueológicas realizadas se han podido detectar una serie de estructuras tanto en la ladera que cae hacia la ciudadela como en la parte alta del cerro que muestra la importancia de los planteamientos estratégicos durante la ocupación de este poblado, cubriendo visualmente un área mucho más amplia, garantizando así la seguridad del poblado.

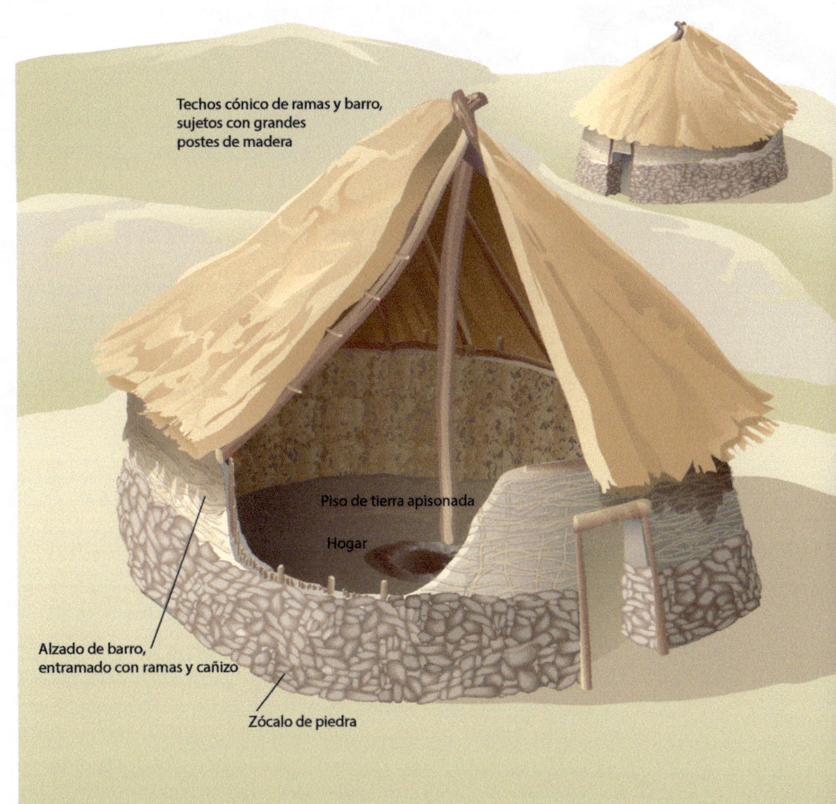

l estudio carpológico de las semillas localizadas en El Malagón sitúa los cereales como el alimento más abundante en la muestra recuperada aunque su dominio puede estar sobrevalorado por la mala conservación de las legumbres. En los cultivos documentados, la cebada desnuda es la especie más representada en todas las fases aunque el trigo común va escalando su porcentaje hasta casi igualarla en la Fase III. La tendencia observada en este yacimiento sugiere una convergencia hacia el incremento de la importancia del trigo común en la dieta. La presencia de plantas adventicias como la cizaña puede apoyar la cercanía de los terrenos de cultivo al yacimiento.

Se puede pensar en una agricultura de secano, aunque el tema del regadío ha estado presente en las discusiones medioambientales para esta época. Es interesante señalar igualmente que se produjo una intensificación en la producción agrícola con la aparición de diversas leguminosas como las habas, lentejas y guisantes, lo que coincide con el aprovechamiento de los arroyos y la irrigación artificial para la creación de pequeños huertos.

Los recursos forestales fueron fuertemente aprovechados por los habitantes del poblado de El Malagón, tanto para la construcción de estructuras como para combustible o materia prima en la fabricación de artefactos y mobiliario. Hay que añadir la presencia de restos de bellotas que o bien pudieron llegar unidas a las ramas destinadas a la combustión o bien se destinaron al consumo animal o humano.

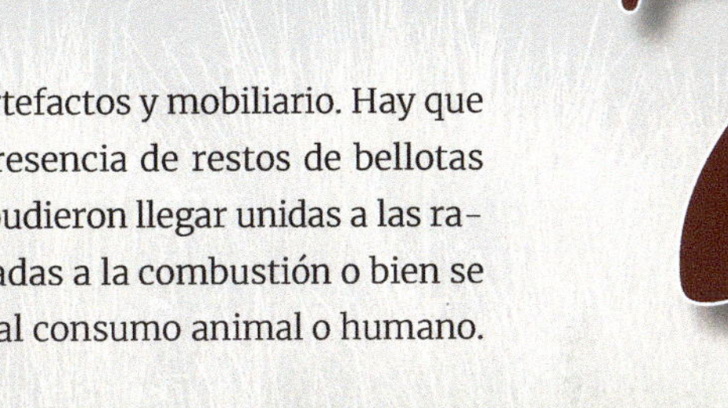

■ Espigas de Cebada (*Hordeum Vulgare*)

Los restos arqueozoológicos recuperados muestran que las ovejas y las cabras son las cabañas domésticas predominantes, representando casi un tercio del global de huesos de fauna recuperados. Los restos de cerdo suponen entre el 5% y el 15%, mientras que el porcentaje de huesos de bóvidos es mínimo en todas las fases de la secuencia. El caballo, posiblemente doméstico, está presente sólo en los estratos superficiales. Salvando las distancias las relaciones entre bóvidos y équidos son similares a las establecidas en el Cerro de la Virgen I con una progresiva disminución de los primeros con respecto a los segundos.

En cuanto a la caza, aparte de los conejos y de las liebres habría que referirse a los ciervos y a los corzos. Los datos con que contamos por el momento nos indican claramente que la actividad cinegética tuvo poca importancia en todos los momentos de la vida del poblado. El hecho de que la caza fuese perdiendo progresivamente importancia podría explicarse por una mayor explotación de la ganadería lo que provocaría el alejamiento de estas especies de ungulados del entorno del poblado.

■ Animales que forman la cabaña doméstica de El Malagón

La explotación de los animales no se redujo al aprovechamiento de su carne sino que pudo proporcionar una gama de recursos variados como son la lana, la leche o el empleo de sus huesos para la fabricación de útiles. Sobre el consumo de la leche y la utilización de los tejidos animales las evidencias con que contamos son indirectas y proceden de las denominadas queseras y de la consideración de cuernecillos de arcilla como elementos de telar.

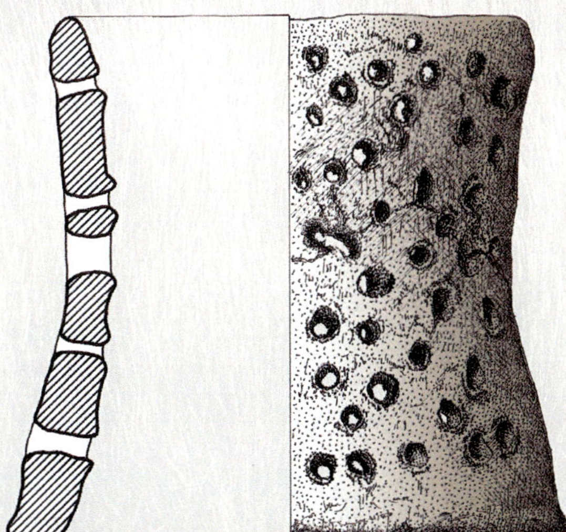

■ Quesera de cerámica

■ Cuernecillos de arcilla utilizados en labores textiles

■ Minas superficiales de mineral de cobre próximas al El Malagón

Desde el inicio de la investigación el Proyecto Millares ha valorado el papel que empieza a jugar el metal de cobre en las actividades de estas poblaciones y se ha hablado de auténticos prospectores de metal desplazándose desde la cuenca del río Andarax hacia las altiplanicies granadinas en busca de este metal. En este sentido, la cercana sierra de Baza ha mostrado una importante riqueza en la exploración de minerales de cobre ya desde el tercer milenio.

En el entorno inmediato del Malagón se han documentado varios afloramientos de mineral de cobre (óxidos y carbonatos de cobre) que pudieron haber sido explotados. Se trata de dos oquedades en el terreno que muestran suficientes indicios como para hacernos pensar que se realizaron para la extracción de cobre. La profundidad de estos filones es difícil de calcular al haberse ido colmatando por el sedimento producto de la erosión del cerro. El área que las circunda está plagada de clastos de roca que aún conservan restos de mineral de cobre, similares a los fragmentos de mineral que fueron hallados también en diversas zonas abiertas del poblado y en el interior de alguna de las cabañas (cabaña C).

■ Mineral de cobre en las inmediaciones del Poblado

El mineral obtenido en los filones se trituraría con machacadores para extraer solamente la mena, que pasarían a una segunda fase del proceso metalúrgico conocido como reducción. En este proceso el mineral junto con abundante carbón como combustible se introduce en vasijas de tipo doméstico, bien documentados en otros yacimientos calcolíticos, que hacen la función de hornos y son fácilmente reconocibles al conservar en su interior adherencias escoriáceas. Son por lo general vasijas de formas abiertas como fuentes y cazuelas, de paredes alisadas en algunos casos y en otros con las huellas del molde de cestería utilizado para su fabricación. Este tipo de vasijas de reducción recibirían el fuego desde el interior, de ahí que las superficies externas no presenten signos de haber estado expuestas al fuego.

De este proceso se obtendría una masa escoriácea e informe con restos de sílice, trocitos de carbón, mineral parcialmente reducido y bolitas de metal de cobre, que habría que extraer rompiendo la vasija. Posteriormente y mediante un fuerte martilleado se liberarían las bolitas de metal que serían introducidas en otro recipiente cerámico, el crisol de fundición, cuencos poco profundos, con paredes gruesas y fondos planos, en cuyas pastas abundan los desgrasantes de cuarzo y mica. Teniendo en cuenta que el cobre funde a una temperatura de 1.085ºC, los crisoles

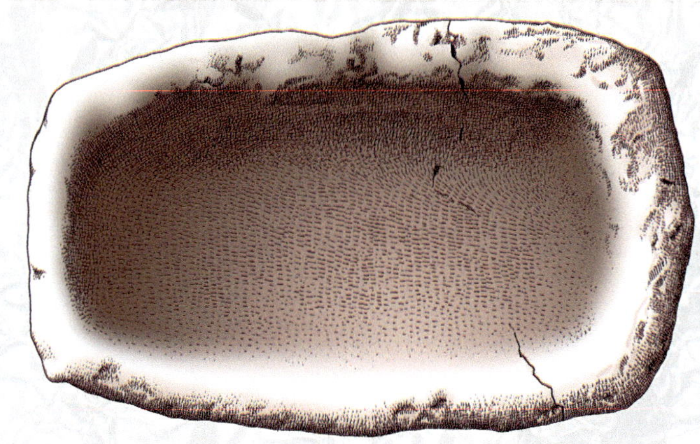

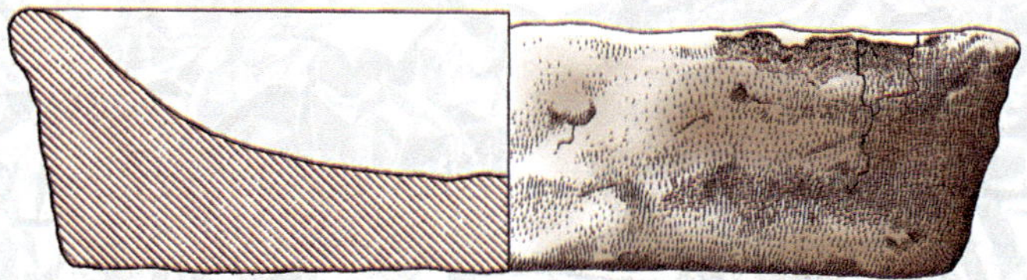

■ Crisol

soportaban estas temperaturas mediante un fuego que recibirían tanto del interior como del exterior, durante un periodo estimado de al menos dos horas.

Después de este tratamiento, el metal líquido se vertería en moldes cerámicos, de forma generalmente rectangular, de las que se extraerían lingotes, barras o láminas sobre las que se trabajaba posteriormente el objeto preconcebido. Todos estos moldes muestran restos de ahumado en el interior para que el metal no se adhiriese a las paredes facilitando así la extracción del metal sólido una vez enfriado. Dichas barras o láminas de metal eran sometidas posteriormente a diversos tratamientos térmicos y mecánicos hasta conseguir la pieza deseada.

En cuanto a la tipología de los útiles podemos señalar que son por lo general de carácter doméstico. Se han recuperado hojas pertenecientes a cuchillos y puñales, que presentan filo en uno o en ambos laterales y una zona de enmangue, con escotaduras o lengüeta, que difiere de unas hojas a otras, sierras, tanto de hoja recta como curva; barritas, leznas, punzones y hachas planas.

El abundante registro arqueometalúrgico de El Malagón nos informa de la existencia de un trabajo del metal ininterrumpido desde la primera fase de ocupación del poblado. Los útiles de

■ Útiles de cobre

metal de cobre recuperados se distribuyen por casi toda el área excavada del yacimiento, localizándose la mayor parte de ellos en el interior de las cabañas (este es el caso de las cabañas C, D y F) o en las proximidades a las mismas.

Las altas cantidades de arsénico que presentan las piezas de metal analizadas y los restos de productos de fundición, frente al escaso contenido de éste en los minerales recuperados, confirman que por lo general se utilizó como mineral original uno no arsenicado, añadiéndose el arsénico de forma intencionada en el proceso de fundición. Sin embargo cabe la posibilidad también de que se explotasen otros afloramientos de mineral, no localizados y de los que no se han hallado por el momento restos en excavación, que contuviesen altas concentraciones de arsénico. En cualquiera de los casos parece que los metalúrgicos calcolíticos, por experimentación, debían de conocer los beneficios que ofrecía el cobre arsenical a las piezas manufacturadas frente a los realizados en cobre no arsenicado, por lo que no es aventurado pensar que pudieron añadir a la carga minerales de distinta procedencia.

Ligado íntimamente con los conocimientos tecnológicos precisos para trabajar el metal se halla el problema de la aparición de los especialistas, o sea, hasta qué punto la división técnica del trabajo alcanzó un nivel en el que fuera preciso que determinadas personas quedaran desligadas de la participación en actividades directamente subsistenciales para dedicarse únicamente al trabajo de un sector concreto de la producción. En este sentido y en el actual nivel de investigación, solo podemos indicar como posible el hecho de que en el poblado existiesen algunas personas dedicadas casi exclusivamente a esta actividad.

La evidencia sobre la producción metalúrgica en el Pasillo de Cúllar-Chirivel no se reduce al poblado de El Malagón sino que, a través de las prospecciones realizadas, contamos con datos suficientes como para asegurar que existen otros poblados en los que se desarrolló la actividad extractiva como en Tarifa en que se recogió un martillo minero. Merece también tener en cuenta la concentración del poblamiento en la Sierra de las Estancias, la zona más rica en filones cupríferos.

N
c/7
c/11
c/6
c/2
c/3
1
c/9
c/4
c/12
c/10
c/5
c/8
c/13
A
C
D
E
F
G
H
I
J
Utiles de cobre
Utiles de hierro
Crisoles
Moldes
Vasijas horno
Mineral de cobre
Mineral de cobre calentado
Mineral de hierro
Gota cobre calentada
Escoria cobre/hierro
Escoria pesada de hierro
0   1   2   3   4   5 m.

■ Vasijas en el interior de una cabaña.

9

La cerámica de este poblado repite rasgos tecnológicos corrientes en otros yacimientos de esta misma cultura como Los Millares o el Cerro de la Virgen. La arcilla se obtiene de áreas cercanas al asentamiento y suele estar en la mayor parte de los vasos muy poco depurada, portando numerosas inclusiones no plásticas como micasquistos, cuarzo, feldespato, mica... Parece claro que la inclusión de fragmentos de cuarzo en los crisoles y en las vasijas destinadas a la producción de alimentos sobre el fuego (cazuelas y ollas) refleja una intención clara de dotar a las vasijas de propiedades refractarias de cara a soportar altas temperaturas. Junto a este tipo de cerámicas nos encontramos otras, en un alto porcentaje, que presentan una matriz arcillosa compacta, muy depurada, sin restos de inclusiones no plásticas. Es la vajilla de "lujo" que ha sido denominada cerámica de pasta naranja y gris y que suelen estar presente en contextos del Cobre Antiguo y Pleno en los yacimientos del Horizonte Millares. Estos tipos de vasijas, características en los asentamientos de los altiplanos orientales de Granada, donde se sitúa El Malagón, nos hablan de la circulación de estos productos entre esta zona y los poblados de la costa almeriense como Los Millares.

Se ha documentado la utilización de moldes de cestería o de esteras e incluso de hoyos en el suelo para modelar las grandes

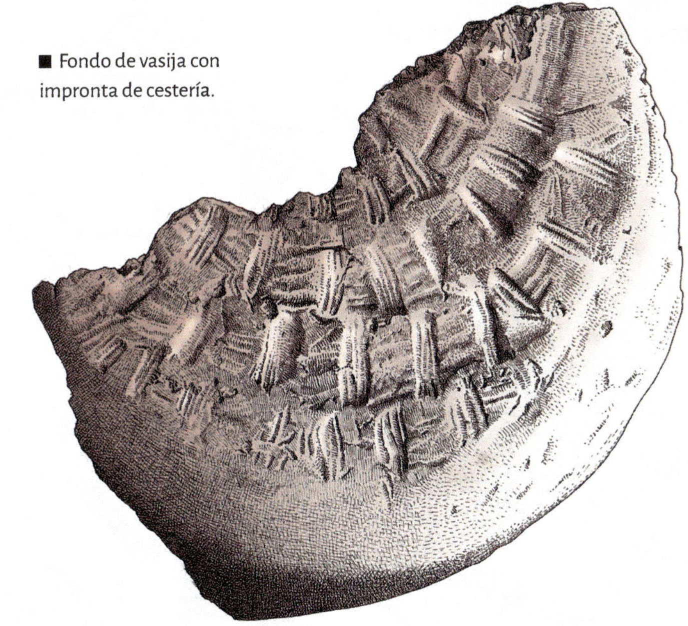

■ Fondo de vasija con impronta de cestería.

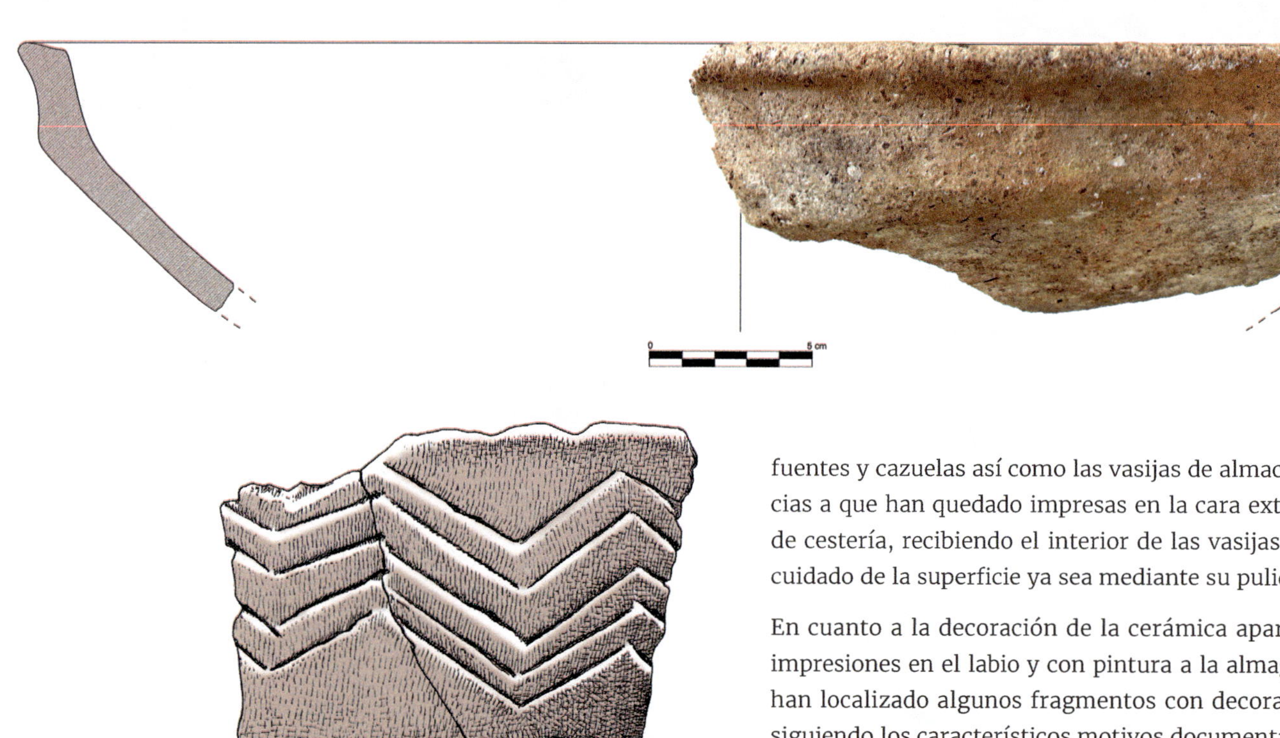

■ Vaso con decoración simbólica

fuentes y cazuelas así como las vasijas de almacenamiento gracias a que han quedado impresas en la cara externa las marcas de cestería, recibiendo el interior de las vasijas un tratamiento cuidado de la superficie ya sea mediante su pulido o espatulado.

En cuanto a la decoración de la cerámica aparecen vasos con impresiones en el labio y con pintura a la almagra. También se han localizado algunos fragmentos con decoración simbólica, siguiendo los característicos motivos documentados en Los Millares. Ya en los momentos finales del poblado aparecen varios fragmentos de vasos con decoración de estilo "marítimo" con

bandas de impresiones de peine oblicuas, que alternan con bandas exentas, y que corresponden al momento más antiguo del horizonte del "Vaso Campaniforme". Las formas de sujeción más comunes son las asas de cinta y los mamelones.

La cerámica del poblado responde a diversas categorías en función de diferentes parámetros: vasos de consumo (cuencos, platos y fuentes), vasos de cocina para la elaboración y preparación de alimentos (cazuelas, ollas y vasijas de paredes abiertas), vasos de almacenaje (grandes ollas) y otras vasijas menos abundantes incluidas en el diario de las actividades de mantenimiento como cucharas, queseras, paletas, soportes y vasos tabicados. Las cerámicas utilizadas en el proceso metalúrgico son las mismas vasijas de cocina de uso doméstico (ollas y cazuelas) que, junto a moldes hechos ex profeso para esta producción, se caracterizan por presentar en su matriz cerámica inclusiones de cuarzo como desgrasantes para soportar altas temperaturas sin deformarse o fundirse.

Las evidencias de la actividad textil en el poblado se restringen a un buen número de los llamados crecientes o cuernecillos de arcilla, que suponen el 94,8% de los elementos recuperados en arcilla. Presentan forma arqueada, con sendas perforaciones en los extremos, y una longitud media de unos 26 cm, de sección circular o ligeramente aplastada en sus extremos. La mayoría de ellos están realizados con barro rojizo o amarillento, encontrándose algunos cocidos y otros no.

Hay pequeñas diferencias en el grosor de estos cuernecillos, entre 0,6 y 3 cm, posiblemente en función tanto del telar utilizado como de la prenda a manufacturar. Mientras que los crecientes de menor diámetro suelen estar bien cocidos y ofrecen superficies espatuladas o incluso bruñidas, los de mayor grosor, por lo general en proceso de secado, no cocidos aún, presentan un tratamiento de alisado simple o un débil espatulado. Otro hecho singular es que cuanto más aumenta la longitud de los crecientes la terminación de sus extremos tiende a aplanarse, siendo éstos los que presenta menor grosor.

Aunque se registran en toda el área excavada, la mayor parte se encontraban concentrados en tres grupos, uno en el interior de la cabaña F y los otros dos en el exterior de las cabañas C y H.

Entre estas tres concentraciones hay algunas diferencias a destacar. El único caso registrado hasta el momento son los que se encuentran en el interior de la cabaña F, justo al noroeste, y estaban sin cocer, por lo que su estado de conservación era deficiente. Asociado a este conjunto se localizó un hogar circular, que quizás se utilizase como horno para cocer estos elementos. En los otros dos casos, los cuernecillos situados al exterior de las cabañas estaban también en relación con un hogar o posible horno, por lo que se plantea que podrían estar igualmente en proceso de su manufactura.

Sorprende sin embargo la ausencia de otros útiles asociados con la producción textil, como son las típicas placas con perforaciones y las pesas de telar o las fusayolas de tipología calcolítica. Los artefactos que sí podrían estar relacionados con el proceso del hilado son dos discos, uno de pizarra y otro de cerámica, interpretados como fusayolas.

Los trabajos de cestería están bien representados en el conjunto material a partir de las cerámicas. Una forma bastante común de fabricación de las vasijas es mediante moldes de cestería, por lo que, gracias a las improntas que han quedado impresas en sus superficies, ha sido posible reconocer tanto las fibras vegetales utilizadas (esparto, anea y cáñamo), como los motivos y formas de trenzado (en damero, cosida diagonal, cosida en espiral o en "rabo de cerdo"). Resulta por tanto evidente que pese a no contar con vestigios directos de este tipo de trabajo, los elementos como cestos y esteras de esparto serían muy habituales en el mobiliario de El Malagón, al igual que en otros yacimientos coetáneos en que han aparecido al conservarse calcinados.

■ Fondo de una fuente con improntas de una estera

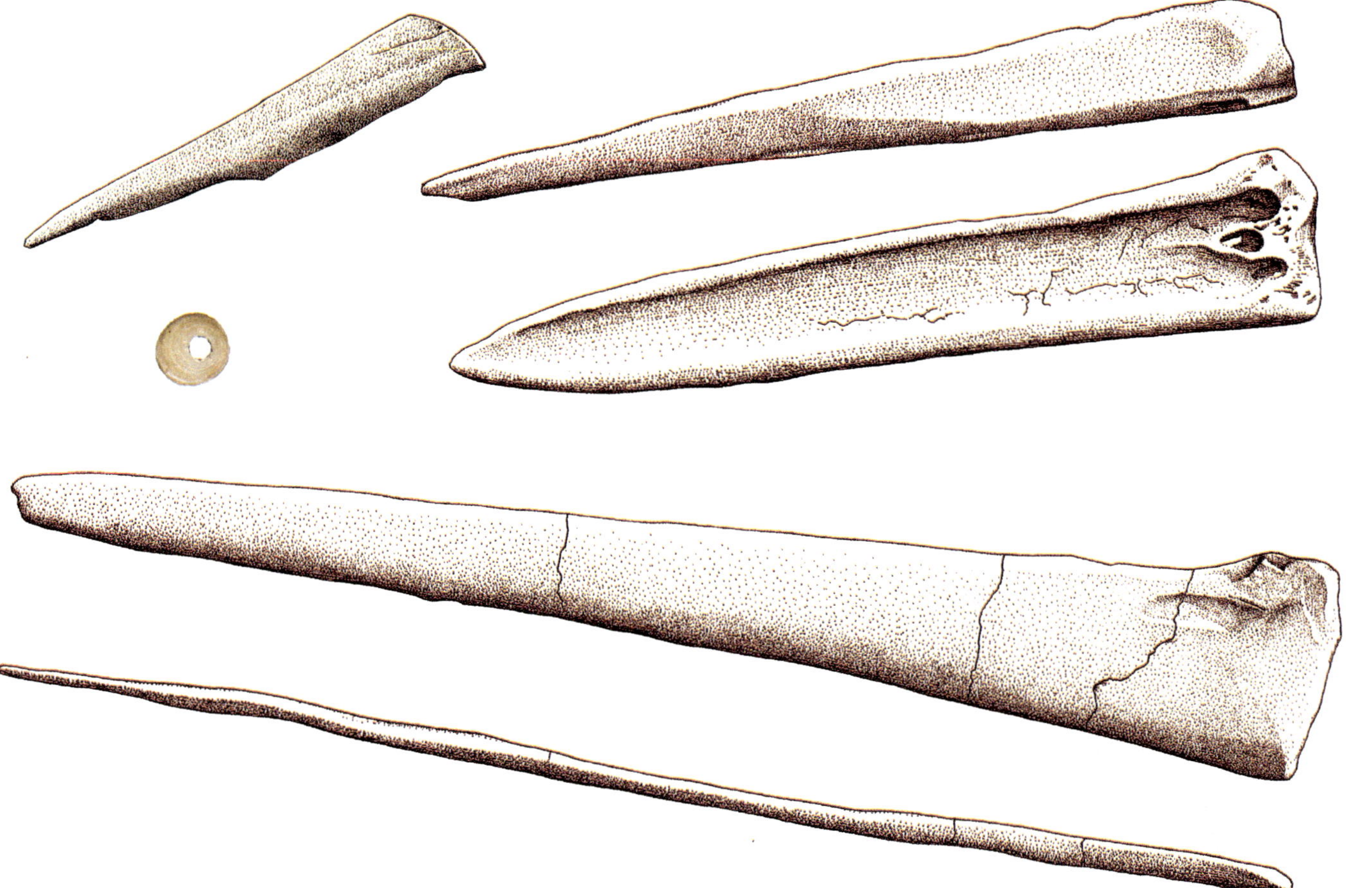

11

En las excavaciones realizadas en El Malagón se ha localizado un total de 169 artefactos realizados sobre huesos de animales, de los que 149 son útiles (punzones, alfileres, agujas y puntas de flecha) y 20 son adornos (cuentas de collar y colgantes) u objetos simbólicos (figura antropomorfa masculina). Predomina el uso del hueso, siendo minoritario el empleo del asta, marfil y concha. El 99% son útiles realizados a partir de huesos de mamíferos y tan solo un caso pertenece a un ave. Entre las especies salvajes destaca el ciervo, del que se usan el asta y los metápodos. La fíbula o peroné de los suidos son también muy utilizados, aunque no podamos distinguir entre jabalí y cerdo doméstico. De manera mayoritaria se fabricaban así mismo útiles de hueso a partir de las osamentas, tibias y los metápodos de ovicápridos (Capra hircus/Ovis aries), lo que supone más del 25% de la materia prima utilizada.

En este repertorio contamos también con adornos hechos sobre materiales alóctonos como la concha de moluscos (*Glycymeris* y *Cypraea*) procedente del Mediterráneo o el marfil de elefante en el caso del famoso ídolo de El Malagón, una figura antropomorfa considerada como elemento simbólico. Al igual que las conchas marinas, el marfil constituye un tipo de material que circula desde lugares lejanos hasta llegar a la Península Ibérica a través de las redes de intercambio que iniciaron su funcionamiento desde el inicio de la Edad del Cobre.

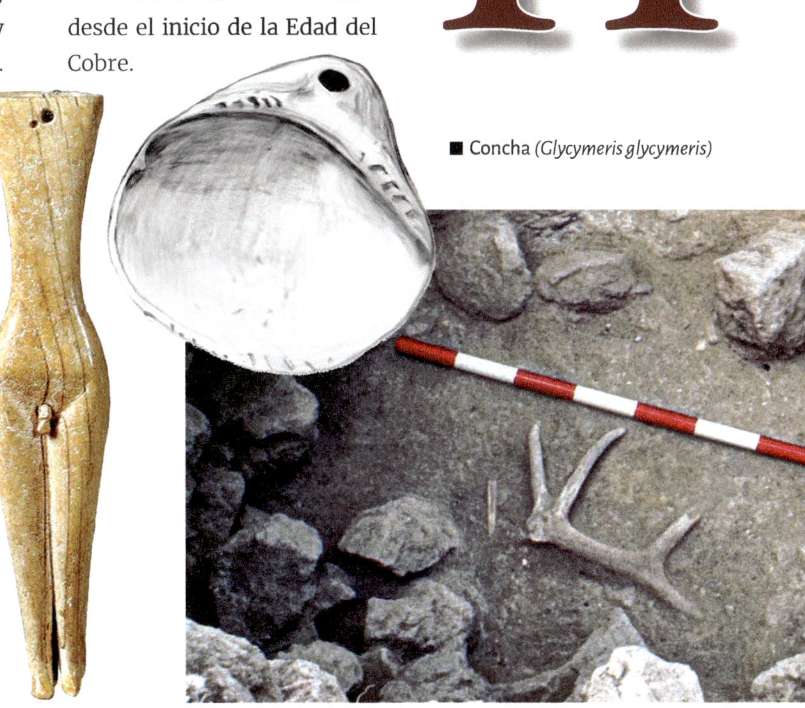

■ Concha (*Glycymeris glycymeris*)

■ Ídolo antropomorfo en marfil   ■ Asta de ciervo en contexto de excavación

La industria lítica tallada de El Malagón ha sido estudiada en profundidad. Como en otros poblados calcolíticos de la Cultura de Los Millares muestra entre sus tipos lascas, hojas y hojitas, puntas de flecha y elementos dentados para hoz, con presencia de perforadores, astillados, denticulados, geométricos, raspadores y algunos útiles excepcionales como puñales o grandes denticulados. Un elemento muy característico son las puntas de flecha que responden a tres tipos formales: de base cóncava, de pedúnculo y de pedúnculo y aletas.

El sílex es la materia prima predominante, extraído de las zonas cercanas. También aparecen jaspe colorado y sílex rojo provenientes del Subbético interno de la región de Los Vélez. De la cuenca de Baza procedería la opalita y el sílex continental, mientras que de la Sierra de Orce procedería un tipo de sílex filamentoso y oolítico. Precisamente en esta última zona se encuentra la mina de La Venta, donde se ha documentado la explotación minera de una buena parte de las rocas silíceas que abastecerían al poblado.

■ Hoja de sílex

También es abundante la industria lítica pulimentada, destacando la presencia de elementos cortantes (hachas y azuelas), otros relacionados con el golpeo (escoplos, martillos, percutores), con la molienda (molinos, manos de molino), con los trabajos de pulimento (alisadores, abrasivos) o con elementos decorativos (placas perforadas, cuentas) y otros simbólicos como los ídolos.

El aprovisionamiento de estas rocas procede del medio geológico de carácter local, denominado Complejo Metamórfico Nevado-Filábride, mediante técnicas mineras de laboreo superficial. La tecnología de manufactura mantiene la tradición neolítica a base de un piqueteado sobre las irregularidades de la superficie para posteriormente pulimentar mediante la fricción asistida de agua y abrasivos (como la arena entre otros).

Estos útiles pulidos se empleaban en trabajos de carpintería (hachas, azuelas y escoplos), así como en otros tipos de actividades de la vida cotidiana incluyendo la metalúrgica (martillos, percutores y algunos abrasivos). También se fabricaron en piedra los elementos precisos para la transformación de granos de cereal (molinos y manos de molino). A estas conductas de uso hay que añadir el trabajo de las pieles mediante algunas herramientas cortantes.

■ Reconstrucción ideal de enterramiento calcolítico. Ilustración de M. Salvatierra. *Fuente: Historia de Almería (vol. I). Instituto de Estudios Almerienses*

12

Como ocurre con muchos asentamientos calcolíticos de esta cultura conocemos los rituales funerarios gracias a la información obtenida en la excavación de necrópolis como las de Los Millares, Terrera Ventura o Almizaraque, pero en los alrededores de El Malagón no se han localizado ningún tipo de sepulturas relacionadas con este poblado. Podemos suponer como ocurre en el caso de los yacimientos antes citados que serían tumbas con cámara circular y cubierta plana o de falsa cúpula, con un corredor de entrada y un túmulo de tierra y piedras que cubriría todo el conjunto. Se trataría de sepulturas colectivas en las que se depositarían los individuos en posición estirada acompañados de un ajuar. Sin embargo, no hay que descartar la posibilidad de que se tratase de sepulturas en cuevas artificiales, como la tumba del Neolitico Reciente localizada en el cercano yacimiento de Cueva Carada (Huéscar). De esta forma, muralla y necrópolis serían los legitimadores de la pertenencia a un territorio concreto por parte de una comunidad cohesionada a través del ritual de enterramiento colectivo que se desarrollaría, si nos atenemos al contexto del altiplano, en sepulturas de cámara circular.

A pesar de desconocer toda información sobre la necrópolis de El Malagón, contamos con una serie de elementos materiales que podemos poner en relación con el mundo espiritual y que tienen valor simbólico. Nos referimos a las cerámicas finas de pasta naranja y gris, muy frecuentes en el yacimiento. Se ha sugerido que quizás la cerámica gris podría habría llegado al interior desde la costa, mientras que la cerámica naranja podría haber llevado un recorrido contrario.

Cuenco de cerámica naranja

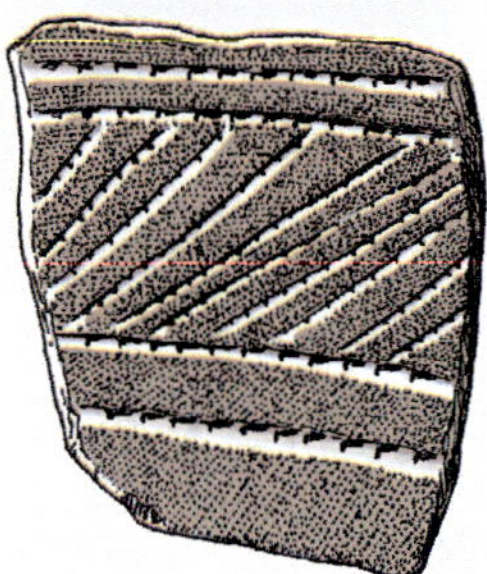

La aparición en la última fase del poblado de cerámicas campaniformes de estilo "marítimo", nos habla de la introducción al inicio del Cobre Reciente de nuevos rituales posiblemente relacionados con el consumo de alcohol.

Pero sin duda alguna, los elementos simbólicos más característicos de El Malagón son las dos figuras antropomorfas, una en marfil, hallada de forma clandestina y recuperado por el equipo de investigación al comienzo de los trabajos arqueológicos, y otro en yeso aparecido junto con una cuerna de ciervo en la excavación de 1986 en una fosa, de carácter posiblemente ritual, situada entre la muralla y las cabañas y relacionada con la fundación del poblado.

La primera de ellas, se trata de una figura masculina, de 16,6 cm. de altura, a la que le faltan los brazos y la cabeza. Ésta última debería estar articulada al cuerpo mediante una espiga. La segunda figura representa a una mujer, con los brazos flexionados y recogidos sobre sus pechos, quizás evocando la abundancia. La

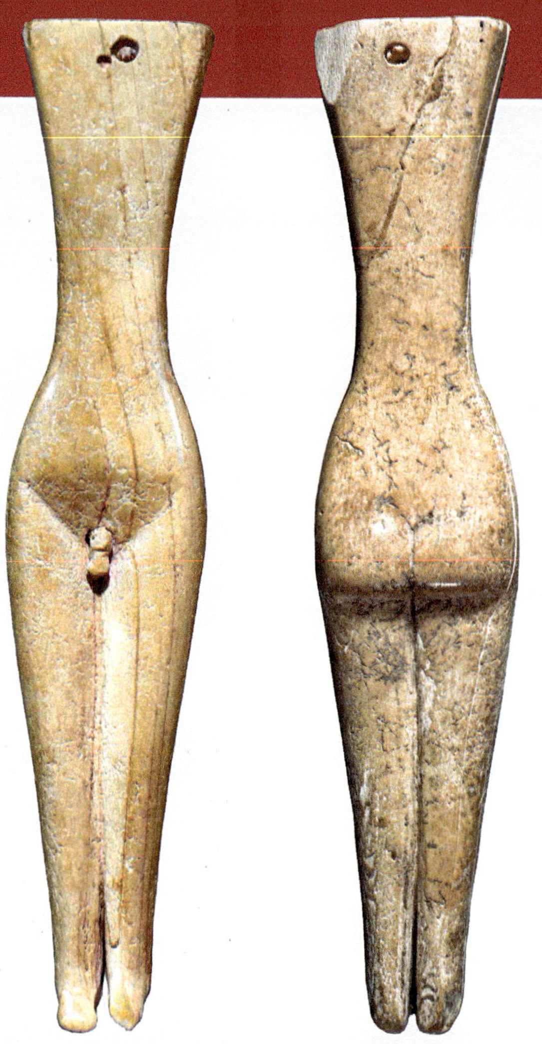

cabeza, con ojos, nariz, orejas y cejas, presenta una decoración de líneas verticales paralelas que, partiendo de la zona marcada por las cejas, recorre la espalda en dos líneas paralelas en zig-zag hasta terminar en lo que sería una vestimenta corta. Esta misma decoración en zig-zag se repite desde la zona de las orejas hasta la barbilla.

A la figura le faltan las piernas a la altura de las rodillas.

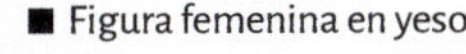
■ Figura femenina en yeso

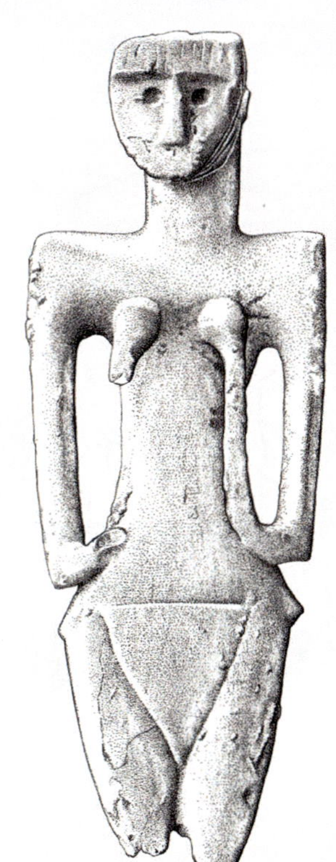

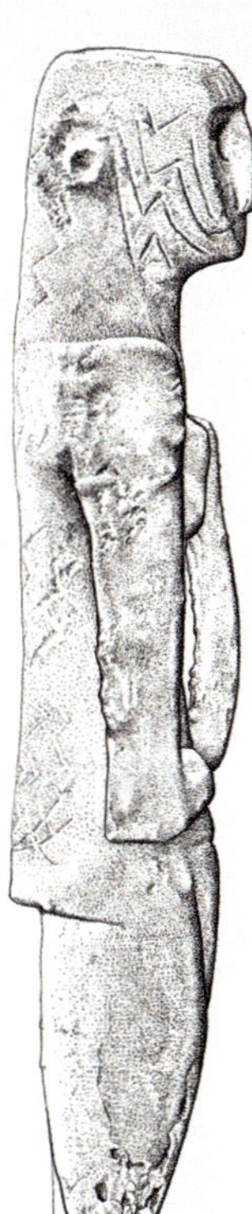

■ Territorios y lugares centrales de la Cultura de Los Millares
GRUPO LORCA
Cerro de la Virgen
Cerro de las Canteras
GRUPO HUÉSCAR-CHIRIVEL
El Malagón
Cabezo del Plomo
Las Angosturas
GRUPO VERA-ALMANZORA
Purchena
Campos
Almizaraque
Las Pilas
GRUPO ANDARAX
Terrera Ventura
Los Millares
El Barranquete
Clavieja

EL MODELO POLÍTICO

El poblado de El Malagón, al igual que otros asentamientos cercanos como el Cerro de la Virgen o Las Angosturas se enmarcan en la Cultura de Los Millares, una serie de grupos sociales que en torno al III milenio a.C. comparten una serie de características en sus poblados, necrópolis, simbolismo y cultura material que los caracteriza como unas sociedades complejas, con asentamientos fuertemente fortificados y con un territorio organizado mediante centros políticos de diversa entidad que controlaron a la población y los recursos de estos territorios mediante diversas relaciones de dependencia, en las que el simbolismo y la religión tuvieron un papel muy destacado.

A pesar de la poca superficie excavada se puede intuir por las prospecciones realizadas que el poblado presenta un modelo complejo de fortificaciones, con una ciudadela en su parte más interna, donde posiblemente residían las élites formadas por linajes o familias extensas que controlaban los productos simbólicos realizados con materias exóticas y quizás la redistribución de alimentos y materias primas como los metales. También habría que organizar la vida de la comunidad y la construcción de las murallas, fosos y fortines, lo que debía implicar importantes actividades organizativas y de control dentro de la comunidad.

■ Necrópolis con tumbas de cámara y corredor son uno de los rasgos comunes de los poblados de la Cultura de Los Millares

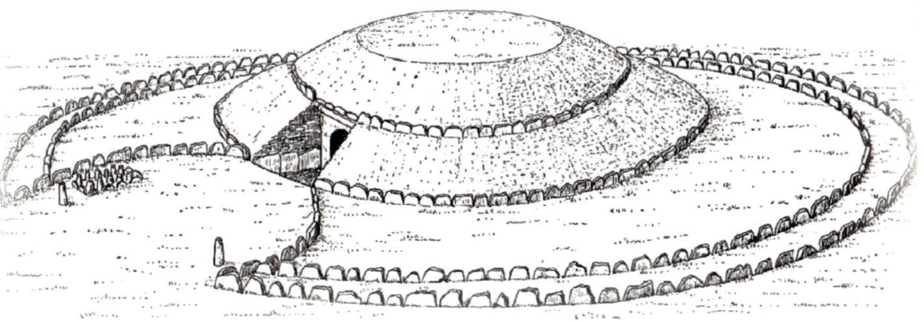

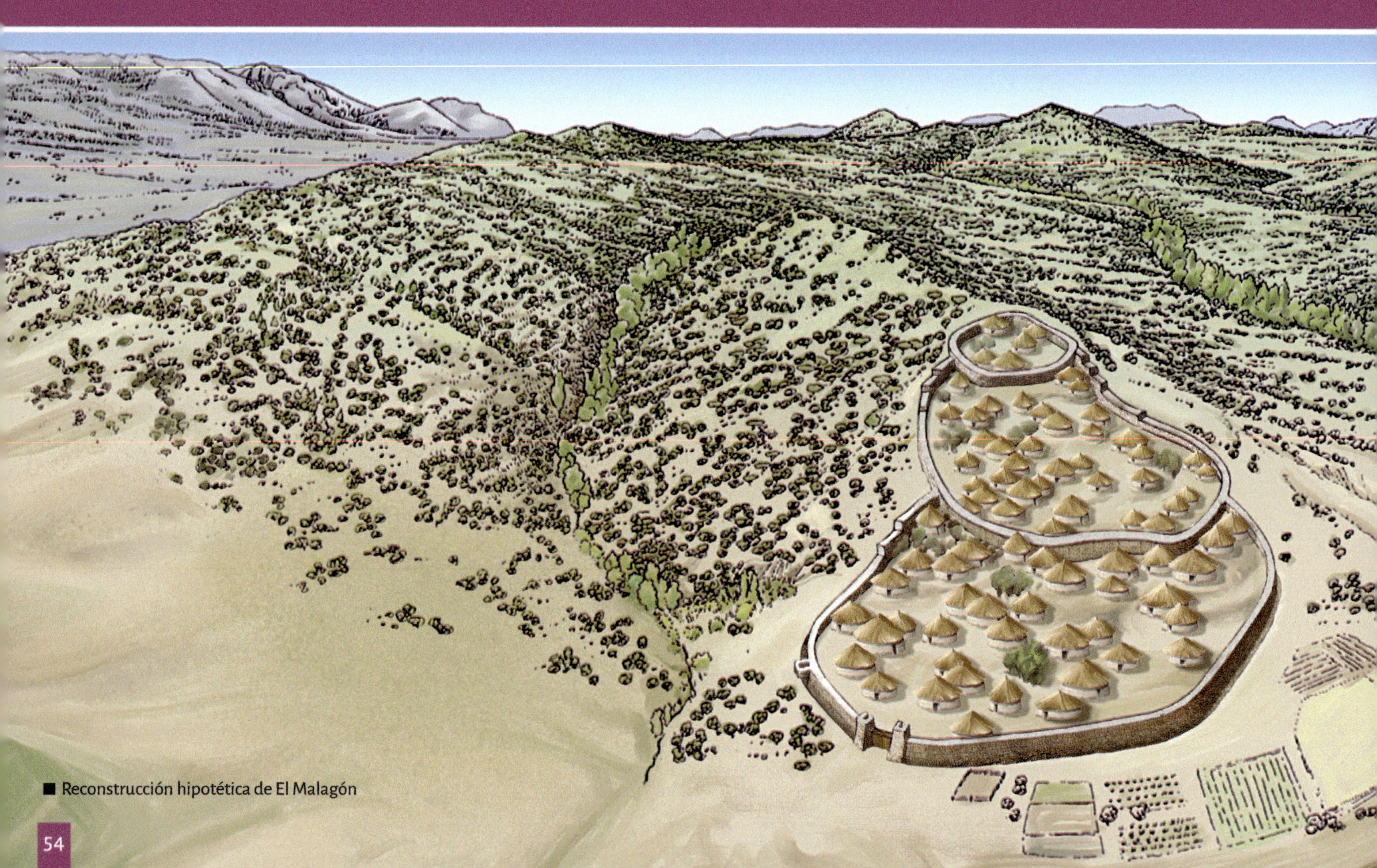

■ Reconstrucción hipotética de El Malagón

Podemos pensar que nos encontramos ante una sociedad jerarquizada, con la existencia de una serie de poblados relacionados con un lugar central de mayor entidad, en este caso el Cerro de la Virgen de Orce. Se ha planteado la existencia desde la Edad del Cobre de las primeras sociedades estatales con grandes centros políticos como Los Millares, Marroquíes Bajos (Jaén) o Valencina de la Concepción (Sevilla), que desarrollarían un sistema tributario con los asentamientos dependientes, basado en la circulación y control del cereal, el ganado y el metal.

A mediados del tercer milenio se produce una profunda crisis ideológica en las sociedades del Sureste y la Alta Andalucía, con la aparición de la cerámica campaniforme y nuevos tipos metálicos, en especial armas (puntas de flecha, grandes puñales con empuñadura de lengüeta...), elementos que si bien apenas están representados en El Malagón sí se localizan en abundancia en el cercano yacimiento del Cerro de la Virgen donde tal vez se convirtieron en elementos de alta carga simbólica cuya producción aseguraría el mantenimiento, durante un tiempo de la posición central de este poblado. El abandono de El Malagón podría explicarse como consecuencia de su propia posición excesivamente vinculada al control específico de un determinado recurso, el mineral de cobre. También podría tenerse en cuenta los movimientos poblacionales relacionados con el período campaniforme, que pudieron suponer la concentración de la población en los lugares centrales que controlaban amplios territorios, en este caso en el cercano yacimiento del Cerro de la Virgen, abandonándose diversas aldeas que dependían de recursos muy concretos.

■ Cerámica campaniforme, cuya aparición marca el fin de las sociedades de la Edad del Cobre en Andalucía

Cabañas C y D consolidadas

Desde la excavación arqueológica de 1986 en que también se realizaron trabajos de consolidación y protección de las estructuras emergentes y de la protección de los perfiles de excavación unos años después, el estado del yacimiento era lamentable.

En 2024 se inició, gracias a la Diputación Provincial y al Ayuntamiento de Cúllar en colaboración con la Delegación territorial de Cultura en Granada, un plan de actuación sobre el yacimiento cuyo objetivo primordial era su puesta en valor para la visita pública logrando así frenar su deterioro. Estos trabajos fueron dirigidos por Auxilio Moreno y Luis García. Tras una valoración del estado de conservación de las estructuras y en base a la documentación del registro arqueológico de las campañas de excavación desarrolladas, se procedió al desbroce y limpieza del área excavada, para posteriormente, comenzar la actuación de protección y conservación de las cabañas, del lienzo de muralla y bastiones del sistema defensivo seguido de la restitución de aquellas zonas que se habían desplomado. Para ello se utilizaron los mismos recursos materiales empleados en su construcción, la piedra, junto con un mortero básico de cal. Esta primera actuación se centró igualmente en la consolidación de la cabaña E, totalmente excavada, que presentaba serios problemas de inestabilidad con pérdidas importantes en todo su perímetro como consecuencia de la erosión natural y de las filtraciones del agua de lluvia que habían ido disgregando el mortero original de barro. Para reforzar la estructura desde la cimentación hubo que rebajar dos de los testigos anexos bajo estricto control metodológico como también parte del testigo planteado al noreste del tramo de muralla en que se documenta un bastión con acceso al interior del poblado. La actuación se completó con labores de regularización del itinerario de visita por el interior del poblado y el cierre perimetral mediante vallado del conjunto arqueológico. En 2025 se recuperaron tres nuevas cabañas (C, D y E) y se excavaron algunos de los testigos. Gracias a ello las estructuras vuelven nuevamente a ser testimonio de uno de los poblados de prospectores metalúrgicos más interesantes del panorama científico. En próximas convocatoria de la Diputación provincial hay programadas una serie de actuaciones que permitan la puesta en valor del patrimonio arqueológico. Así, en 2026 se prevé intervenir sobre el lienzo de muralla y el resto de estructuras defensivas y la reposición de paneles explicativos en el área de yacimiento así como potenciar el centro de interpretación en las instalaciones municipales con que cuenta Cúllar.

EQUIPO CIENTÍFICO

GUÍA

Redacción

A. Moreno Onorato (Universidad de Granada)
F. Molina González (Universidad de Granada)
F. Contreras Cortés (Universidad de Granada)

Diseño y maquetación

Miguel Salvatierra Cuenca (Dibujante e ilustrador gráfico)

EQUIPO DE CAMPO

CAMPAÑA DE 1975

Dirección

A. Arribas Palau (Universidad de Granada)
F. Molina González (Universidad de Granada)

Equipo de intervención
F. de la Torre Peña (Universidad de Granada)
T. Nájera Colino (Universidad de Granada)
L. Sáez Pérez (Universidad de Granada)

Colaboradores

F. Carrión Méndez (Universidad de Granada)
F. Blanco Gómez (Universidad de Granada)

CAMPAÑA DE 1983

Dirección

Fernando Molina González (Universidad de Granada)
Francisco de la Torre Peña (Universidad de Granada)

Equipo de intervención
Francisco Carrión Méndez (Universidad de Granada)
Francisco Contreras Cortés (Universidad de Granada)
Inocente Blanco de la Rubia (Universidad de Granada)
Auxilio Moreno Onorato (Universidad de Granada)
Antonio Ramos Millán (Universidad de Granada)
Mª. del Pino de la Torre Santana (Universidad de Granada)

CAMPAÑA DE 1986

Dirección

F. de la Torre Peña (Universidad de Granada)
F. Molina González (Universidad de Granada)

Equipo de intervención

F. Contreras Cortés (Universidad de Granada)
I. Blanco de la Rubia (Universidad de Granada)
N. López Godoy (Universidad de Granada)
A. Moreno Onorato (Universidad de Granada)
C. Ruíz González (Universidad de Granada)

ESPECIALISTAS COLABORADORES

Estudios de Geología

J.L. Guzmán (Empresa Nacional Adaro, Madrid)
J.A. Peña Ruano (Universidad de Granada)

Metalurgia

I. Keesmann (Institut Für Geowissenschaften (J. Gutenberg Universität Mainz)
A. Moreno Onorato (Universidad de Granada)
A. Kronz (J. Gutenberg Universität Mainz)
P. Maier (J. Gutenberg Universität Mainz)
Z. Hezarkhani-Zolgharnian (J. Gutenberg Universität Mainz)

D. Hook (British Museum Research Laboratory)

P. Craddock (British Museum Research Laboratory)

N. Meeks (IAMS, Londres)

S. Rovira LLorens (Museo Arqueológico, Madrid)

I. Montero Ruiz (CSIC, Madrid)

Análisis antracológico

O. Rodrígez Ariza (Universidad de Granada)

Análisis carpológico

R. Buxó Capdevila (Universidad de Barcelona)

Análisis polínico

G. Becerra

Análisis Lítico

F. Carrión Méndez (Universidad de Granada)

E. Rull

A. Ramos Millán (Universidad de Granada)

G. Martínez Fernández (Universidad de Granada)

J. Afonso Marrero (Universidad de Granada)

Análisis cerámico

F. Contreras Cortés (Universidad de Granada)

A. Moreno Onorato (Universidad de Granada)

F. Molina González (Universidad de Granada)

J. Capel Martínez (Universidad de Granada)

Análisis faunístico

Mª.L. Garnica (Universidad de Granada)

Análisis del hueso trabajado

V. Mérida González (Universidad de Granada)

J.A. Riquelme Cantal (Universidad de Granada)

Fotografía aérea

Paisajes Españoles S.A. y L. García Pulido

Fotografía de campo

F. Molina González (Universidad de Granada), A. Moreno Onorato (Universidad de Granada) y J. Martínez García (Fotografía del Cerro de la Virgen)

Dibujante

M. Salvatierra Cuenca (Dibujante e ilustrador gráfico)

Colaboradores puntuales

José A. González Alcantud (Dibujante e ilustrador gráfico)

I. Rus (Universidad Complutense de Madrid)

R. Santamaría (Universidad Autónoma de Madrid)

J. Martínez García (Universidad de Granada)

R. Molina González

L. López Quirantes (Universidad de Granada)

H. Ruíz Ruíz (Universidad de Granada)

Prospección superficial del entorno al yacimiento

J. Castilla Segura (Universidad de Granada)

M.A. Hitos Urbano (Universidad de Granada)

Mª.G. Maldonado Cabrera (Universidad de Granada)

Mª.V. Ruíz Sánchez (Universidad de Granada)

CONSERVACIÓN Y PUESTA EN VALOR DEL YACIMIENTO

A. Moreno Onorato (Universidad de Granada)

L. García Pulido (Arquitecto CSIC, Granada)

EL MALAGÓN (CÚLLAR, GRANADA)

Official archaeological guide of the Copper Age settlement

Auxilio Moreno Onorato
Fernando Molina González
Francisco Contreras Cortés

Granada 2026

Editorial: Editorial Universidad de Granada
Campus Universitario de Cartuja. Granada
Phones: 958 24 39 30 - 958 24 62 20 • editorial.ugr.es

Design, image correction and cover design: Miguel Salvatierra Cuenca

Print: Podiprint. Antequera, Málaga

Printed in Spain / Impreso en España

This guide has been funded by *Departamento de Prehistoria y Arqueología*, the *Unidad de Excelencia "Archaeometrical Studies. Inside the artifacts & eco-facts"* within the Project QUAL21-13 *"Propuesta para preparación de nueva solicitud a las próximas convocatorias María de Maeztu de la Unidad Científica de Excelencia "Archaeometrical Studies: Inside the artefacts & ecofacts" de la Universidad de Granada. Ayudas para el fortalecimiento de entidades del sistema andaluz del conocimiento para la adquisición del sello «Severo Ochoa» o «María De Maeztu»"* and Editorial Universidad de Granada

Summary 

MALAGÓN IN ITS CONTEXT 65

HISTORY OF RESEARCH 67

TIME: THE STRATIGRAPHIC SEQUENCE OF EL MALAGÓN 69

THE LANDSCAPE IN THE COPPER AGE 71

THE SETTLEMENT OF MALAGÓN 73

THE HUT AND THE FORTIFICATION 75

THE BASES OF SUBSISTENCE 77

MINING AND METALLURGICAL ACTIVITY 79

CRAFTWORK: POTTERY 83

TEXTILE PRODUCTION 85

BONE AND LITHIC PRODUCTS 87

THE SYMBOLIC REALM 89

THE POLITICAL MODEL 91

THE VALORISATION OF THE SITE 93

■ View of the site of El Malagón with the actual *Cortijo* in the foreground.

MALAGÓN IN ITS CONTEXT

The site of El Malagón (Municipal District of Cullar, Granada) is located next to a farmhouse bearing the same name, approximately 14 km east of the town of Cúllar. This area forming part of the eastern extension of the Baza–Huéscar Plateau is known as the Chirivel Corridor, a key passage linking the Mediterranean coastline to the high plateaus of Upper Andalusia.

The site is framed by the foothills of the Oria and Madroñal Mountain ranges to the south and the Sierra de Orce to the north. Its left bank is delimited by the Hornicos Ravine while its right bank is defined by the Zahurdas Ravine.

A gentle hill, today cultivated with dryland cereals, was the position chosen to raise the settlement. Its precise extension currently remains unknown as surface features indicate it could extend as far as the modern farmstead. Worth citing in this sense are a signal tower identified on the upper part of the hill behind the settlement, and various structures and archaeological remains on the slope leading to the settlement.

The site can be accessed today from the town of Cúllar via the A92N motorway either by exiting towards Venta Quemada and then joining a dirt road or exiting towards Tarifa and following a rural road.

El Malagón currently enjoys legal protection as it has been declared a Site of Cultural Interest (Bien de interés cultural, BIC) of the Archaeological Zone category by the Junta de Andalusía and included in the General Catalogue of Andalusian Historical Heritage (Decree 271/2001 of December 11, published in the BOJA of January 19, 2002). Its geographical coordinates are 37° 33' 33'' N by 2° 25' 18'' W (Greenwich Meridian) and its altitude is just over 1,100 m above sea level.

■ The settlement of El Malagón with the Oria and El Madroñal mountain ranges in the background

The first indicator of the presence of the site stems from the looting of an anthropomorphic ivory idol which, fortunately, was later recovered for study. Thus, after assessing the site's archaeological potential, a first excavation campaign began in 1975 in the framework of a research project sponsored by the University of Granada under the direction of A. Arribas, F. Molina, and F. de la Torre.

The results of this initial exploration brought to light a group of seven huts of varying dimensions corresponding to three phases of construction, as well as the remains of a massive wall bordering the settlement to the north of the area under investigation. Chronologically, El Malagón can be framed within the Los Millares Culture of the Southeastern Iberian Copper Age. It shares characteristics with two other nearby settlements: Cerro de la Virgen at Orce and Las Angosturas at Gor. El Malagón already at this stage was interpreted to be one of the key sites for the understanding the beginnings of metallurgy in the inland areas of the southeast of Iberia. Based on radiocarbon (C14) datings, the site was established in approximately 2900 BC, a moment coinciding with the outset the occupation of the high plateaus of Guadix, Baza, and Huéscar.

2

Two new excavation campaigns in 1983 and 1986 under the direction of F. Molina and F. de la Torre expanded the excavation to the south. This work in an area which had suffered significant damage by agricultural activities revealed the limits of the settlement to be much greater. The existence of a quadrangular bastion forming part of what was already a complex defensive system was likewise observed to the northwest. Work at this time also identified a tower on the top of the hill located to the east of the settlement, as well as possible sectors of copper ore (malachite) extraction along the hill's southern slope. These campaigns also served to define the settlement's three–phase sequence, marked notably by a vast fire between Phases II and III and the appearance of the Bell Beaker Culture at the end of Phase III coinciding with the site's final occupation.

The work at El Malagón at the outset of 1985 was then integrated into the research project 'The Beginnings of Metallurgy and the Development of Communities in the Southeast of the Iberian Peninsula,' approved and funded by the Directorate General of Cultural Assets of the Ministry of Culture and Environment of the Andalusian Regional Government and affiliated with the University of Granada (directed by F. Molina). This project focused on the site of Los Millares and the area of the Lower Andarax River Basin. As benchmarks for the project, a series of surface surveys were carried out along the Chirivel-Vélez Rubio Corridor and in the eastern part of the Baza-Huéscar Depression leading to the discovery of numerous other settlements from the Late Neolithic (Almería Culture) and the Copper Age (Los Millares Culture).

This last excavation campaign at Malagón was followed by the protection and conservation of the site's structures and stratigraphic layers. A few years later, preventive work was carried out at the request of local institutions to protect the features with stone masonry. Subsequently, in 2024, after many years of neglect, work resumed by means of a collaboration between the Granada Provincial Council and the Town Council of Cúllar with the primary objective of both valorising and halting the site's deterioration.

■ View of the 1975 campaign

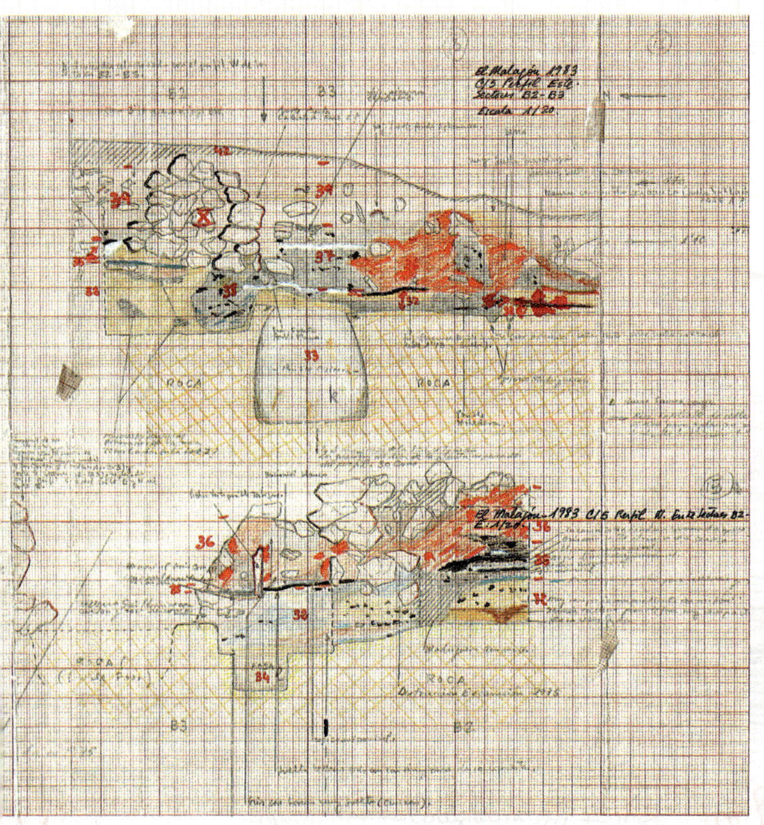

El Malagón since its foundation towards the end of the Early or the beginning of the Middle Copper Age offers a continuous sequence without any abrupt break in its cultural development until the end during the Late Copper Age.

Based on the different constructive systems and restructurings, the site can be divided into the three following phases.

Phase I: involved the construction of a walled settlement featuring pits excavated in the natural strata. Although poorly preserved, most appear to have initially served for grain storage. After their abandonment, they were backfilled with waste along with the remains of huts built with perishable materials whose stone foundations are no longer preserved. The settlement in this early stage must have been defended by a wall whose initial faces, due to later reinforcements, are only be recognised in short sections.

Phase II: The known settlement area was restructured following the construction of several contemporary circular huts, each with stone foundations serving as bases for adobe and wattle walls and conical thatched roofs. The defensive systems were reinforced by attaching several new features to the wall, notably an external ditch, and bastions. This phase ended in a violent blaze evidenced

in the stratigraphy throughout the excavated area by layers of charcoal, ash, and burnt earth stemming from the dwelling's walls and roofs, and from organic matter.

Phase III: the area after the fire was almost entirely restructured by the raising of a group of huts in a circle. Certain presumably adhere to an earlier floorplan, while others appear that deviate from the previous scheme. The open space created within the initial circle of dwellings was later occupied by a larger hut with a stone foundation accompanied by embedded posts to support the roof (Hut G). Features of the fortification also underwent modifications, such as the construction of a bastion and the intentional sealing of the ditch in some areas, backfilled with the remains of burned walls.

Despite the obvious overlapping of dwellings throughout the different phases, the depth of the layers and the stratigraphic sequences do not support the notion that the site experienced a long duration, a sharp contrast from the situation of the nearby Chalcolithic site of Cerro de la Virgen (Orce). This notion is consistent with the results of five absolute radiocarbon analyses of samples of branches and wood (mostly from short-lived plant species) yielding an average probability ranging between 2600 and 2300 cal BC. These datings suggest that the foundation of the settlement took place around 2700 BC and that its occupation could have endured for about three centuries until 2400 BC.

■ Excavation of Cabins C and D

Anthracological research based on the archaeological records of El Malagón and the nearby site of Cerro de la Virgen (phases I and II) suggests a vegetation in the Copper Age marked, in the case of the Altiplano (High Plain), by kermes oak scrubland in the centre of the Huéscar Depression and groves of holm oak along its edges. Pyrenean oak and cork oak forests, in the company of some deciduous species (gall oak), could have extended throughout the Orce and Las Estancias ranges. In general, the bioclimatic conditions of the Altiplano are Mesomediterranean, characterised by mild winters and more humid conditions than today.

An agricultural society like that occupying this territory during the Copper Age required land to grow its crops. Most of the settlements located by the field surveys of the Cúllar–Chirivel Corridor are situated near arable land and, almost exclusively, near springs and small waterways. However, from the outset of the Copper Age, other interests began to prevail when choosing the location of settlements. One that stands out, as in the case of El Malagón, is the proximity of veins of copper ores. Another is that of the need to occupy a highly strategic position so as to maintain territorial control (a fact that would later become widespread in the Bronze Age). Each of these strategies was

F

4

attained by the geomorphological and geological context of the Cúllar-Chirivel Corridor.

However, assessing the agricultural potential of the environment requires determining the forest cover that existed in the past, the influence it may have had on maintaining a higher relative humidity, and the costs, given the technology available at the time, entailed by initiating actions of deforestation. The anthracological and palynological data point to a variety of tree and herbaceous species. Several, such as birch and beech, suggest more humid conditions. Furthermore, the banks of the Zahurdas Stream to the south of the site saw a typical gallery of forest species such as poplar, willow, ash, elder, and tamarisk.

The landscape outside the riverbanks was dominated by different types of Quercus. The existence of deciduous species also suggest more humid conditions. There is evidence of Pinus halepensis and Pinus sp. in the higher elevations, as well as their intrusion into areas previously dominated by Quercus thanks to an anthropogenic thinning of the vegetation, a phenomenon characteristic of the end of the Copper Age and the Bronze Age.

Among the wildlife identified stand out roe deer, red deer, wild boar, mountain goat, rabbit, hare, and various birds. Their remains are very abundant among the waste associated with the hut. This combination of species indicates the presence of both open areas and great expanses of forest. The presence of rockrose, jasmine, rosemary, and heather, as well as the significant amount of gramineae (including naked barley) signal the existence of open areas presumably serving for cultivation.

Roe deer

Red deer

Mountain goat

Wild boar

Hare

Rabbit

The Chalcolithic settlement of El Malagón, roughly oval and extending over about three hectares, consisted of a core of circular huts combined with open spaces serving for various productive and artisanal activities. The complex was protected by an east-west oriented wall brought to light to the north of the site which preserves the remains of a gate accessing its interior.

The boundaries of the site are as follows. To the east is the eastern end of the rocky ridge with a signal tower. Here the northern and southern slopes reveal the existence of several walls and areas of activity, perhaps metallurgical. To the south is the domestic sector which may have extended to the land occupied by the current farmhouse, coinciding with the Rambla de Cañada Hermosa, a dry waterbed. Its western boundary appears to coincide approximately at the current trail leading to the site (PR-A 417). Finally, to the north, the entire complex is delimited by the Los Hornicos Ravine.

Ifs geographical position is strategic. The gentle hill offers the necessary resources for its everyday life, that is, nearby land to cultivate crops, sources of water, and copper ore outcrops.

Thanks to the archaeological excavations it is possible to determine that El Malagón was structured according to defensive, construction, and spatial organisation parameters that link it to other sites in the southeast of Iberia such as Los Millares.

The results of the research conducted to date connote that the sequence of El Malagón corresponds to that of a settlement that endured a relatively short period, and was affected by a succession of restructurings that correspond to the three overlapping groups of huts in the excavated area. At least one extensive fire impacted the area, necessitating the dismantling and reorganisation of the dwellings.

The wall, presumably founded on a massive masonry base and raised with earth, was accompanied by an exterior ditch about two metres deep detected in two of the surveyed areas, and at least one massive bastion to its northwest. At a later stage, but prior to the blaze, what appears to be a tower was raised at its northeast end, next to the gate.

■ The site of Malagón

The circular huts approximately two metres in diameter have a one-metre-high stone base bound with mud mortar, and earth and wattle walls serving as the base of conical roofs assembled by a framework of branches, wattle, and daub. The stones for the masonry were procured either from nearby streams or quarried at outcrops near the settlement. This construction technology is confirmed by the existence of postholes, often embedded in the walls. It is likewise well-documented in the form of large masses of hardened burnt earth features bearing the imprints of branches and reeds among the demolition provoked by the blaze of the end of Phase II.

Few structural features could be observed inside the huts. The exceptions are the clay ring hearths containing ashes, typical of the Los Millares Culture, measuring around one metre in diameter. Their position in the centre of these dwellings suggests a smoke outlet through the conical roof.

This type of roof appears to be the most appropriate when taking into account, as evidenced by Hut E, the dispersion of its elements after

■ Cabins adjacent to the settlement wall

6

its collapse. There is also evidence that the internal faces of the walls of certain huts were lined with whitewash (Hut G).

As only a small surface of the site was excavated, it is only possible to identified a section of the defensive system of what is thought to be the settlement's acropolis. This corresponds to its highest and most sheltered sector, where the huts are located, surrounded by a walled enclosure. The preserved section of wall, approximately 24 m in length, is about one metre high and more than three metres wide. It features several reinforced sections attached to the main wall, always consisting of medium to large-sized stones bound with reddish clay. It is possible that the wall's elevation was completed with earth, and attained, based on the model of Los Millares, a height of about three metres.

Other features were construed to accentuate its defensive system. Thus, from its beginnings, the wall would have benefitted from an external parallel ditch. This ditch was subsequently backfilled making place for a large rectangular bastion added to the body of the wall, and what appear to be towers at its northwest and northeast end integrating the entrances to the area of the huts.

In spite of no evidence from the excavation, it cannot be ruled out, based on the model of Los Millares, that El Malagón pos-

sessed several defensive rings, which have not yet been observed in the surveys due to the damage stemming from agricultural work. However, the archaeological surveys have revealed a series of structures both on the slope leading down to the fortification and on the upper part of the hill. These demonstrate the importance of strategic planning during the occupation of this settlement intended to visually cover a much larger area to ensure its security.

■ Cabins and hearth with clay crescents or horns

The carpological study of the seeds of El Malagón revealed that cereals were the most abundant type of food. However, this predominance may be overestimated due to the poor preservation of legumes. Naked barley is the most represented species among the crops of all the phases, although the percentage of common wheat progressively increased, almost equaling that of barley in Phase III. The trend at this site thus suggests an increase of the roled of common wheat in the diet. The presence of adventitious plants such as darnel presumably supports the notion of the proximity of cultivated lands to the site.

Although the evidence suggests a dryland agriculture, the issue of irrigation forms part of environmental discussions for this period. It is also of interest to note that agricultural production intensified with the emergence of various legumes such as broad beans, lentils, and peas, which coincides with the use of streams and artificial irrigation to create small gardens.

The inhabitants of the settlement of El Malagón made extensive use of forest resources, both for the construction of structures as well as for fuel, and the manufacture of artefacts and objects. Also noteworthy are the finds of the remains of acorns that may have been attached to branches either to be used for combustion or to be consumed by animals or humans.

The site's archaeozoological remains, representing almost a third of all the animal bones, imply that sheep and goats were the predominant domesticated herds. Pig remains account for between 5% and 15%, while the percentage of bovids is minimal in all phases of the sequence. Horses, possibly domesticated, are present only among the surface strata. Despite these differences, the relationships between bovids and equines resemble those identified at Cerro de la Virgen I, with a progressive decrease of the former in favour of the latter.

Hunting, apart from rabbits and hares, can be assumed by finds of deer and roe deer. The data available so far clearly indicate that hunting played a minor role throughout the life of the settlement. The fact that it gradually diminished in importance could be explained by the increased exploitation of livestock, which led to an exodus of the ungulate species from the surroundings of the settlement.

Animal exploitation went beyond the use of their meat as they provided a range of different resources such as wool, milk, and bones to make tools. The evidence regarding the consumption of milk and the use of animal fabrics is indirect, based on finds of cheese pot sieves and the small clay crescents or horns serving as elements of looms.

■ Sheep and goats were the most abundant livestock

Copper mines near the site

8

The Millares research project since its outset focused on the role that copper began to play in the activities of these populations. There is even speculation of genuine metal prospectors relocating from the Andarax River Basin to Granada's plateaus to search for this metal. In this regard, the nearby Baza Mountain range yielded abundant traces of copper mineral exploration since the third millennium.

Several outcrops of copper ore (copper oxides and carbonates) in the immediate vicinity of Malagón can be potentially linked to mining. Two correspond are associated with enough evidence to determine they served to extract copper. The depth of these veins is difficult to estimate as they have been backfilled with sediment stemming from the erosion of the hill. In any case, the surrounding area is riddled with rock clasts still containing traces of copper ore, similar to the mineral fragments collected in various open areas of the settlement and inside certain huts (Hut C).

The mineral extracted from the veins was pounded with hammerstones to extract only the ore, which would then be subjected to a second phase of the metallurgical process known as reduction. The ore, along with abundant coal as fuel, was placed in domestic-type vessels serving as furnaces, a process well-documented at other Chalcolithic sites. These recipients, easily recognisable by the slag adhesions within them, generally were open forms such as platters and casseroles. They in some cases at times reveal smoothed surfaces and in others the negatives of the basketry mould serving to make them. As these types of

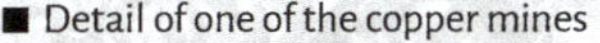

■ Detail of one of the copper mines

reduction vessels were fired from within, their external surfaces reveal no signs of exposed to fire.

This process yielded slag–like, shapeless masses bearing traces of silica, bits of coal, partially reduced ore, and copper prills, which were retrieved by breaking the vessel. Subsequently, vigorous hammering would free the metal prills to place them in another ceramic container, the smelting crucible, a shallow bowl with thick walls and flat bottoms made of pastes containing abundant quartz and mica temper. As copper melts at a temperature of 1,085°C, both the outside and the inside of these crucibles had to withstand this firing temperature for at least about two hours.

After this treatment, the liquid metal was poured into ceramic moulds, usually rectangular, yielding ingots, bars, or blades which were subsequently worked. All of the interior walls of these moulds were lined with traces of calcination to prevent the metal from adhering to them and fa- cilitate the extraction of the solid metal after cooling. These bars or blades of metal were then subject-

ed to various thermal and mechanical treatments so as to achieve the desired object.

The tools are generally of domestic type. They included both double and singled edged blades of knives and daggers. They also reveal handles with notches or tangs that differ from one blade to another. Other tools include both straight and curved saws, crowbars, awls, punches, and flat axes.

The abundant archaeological and metallurgical record of El Malagón bears evidence of uninterrupted metalworking since its first phase of occupation. Although the finds of copper metal tools are distributed throughout almost the entire excavated area, most come from either inside the huts (Huts C, D, and F) or their vicinity.

The high levels of arsenic observed through analyses of both the metal pieces and the remains of the reduction process, compared to the low arsenic content of the minerals themselves, confirm that the original mineral was generally a non-arsenical ore. This suggests that the arsenic was intentionally added during the smelting process. However, it is also possible that there are other mineral outcrops containing high concentrations of arsenic that have yet to be identified. In any case, it is conceivable that Chalcolithic metallurgists, through experimentation, recognised the benefits of arsenical copper in the manufacture of objects over that of non-arsenical copper. Hence, it is not unreasonable to speculate that minerals of different origins were added to the copper.

Closely linked to the technological knowledge required for metalworking is the issue of the emergence of specialists. The question is whether the technical division of labour had attained a level requiring certain individuals to avoid subsistence-based activities and dedicate themselves solely to work in a specific sector of production. In this regard, and in the current state of research, we can only advance that certain individuals in the settlement were possibly dedicated almost exclusively to this task.

The evidence of metallurgical production along the Cúllar–Chirivel Corridor does not limit itself to the settlement of El Malagón. Finds during the surface surveys such as a mining hammer at Tarifa offer sufficient data to confirm the existence of other settlements carrying out extractive activity. Another aspect worth noting in this line is the concentration of settlements in the Sierra de las Estancias, the area richest in copper veins.

The pottery from Malagón displays the technological features common to the ware of other sites of the same culture, such as Los Millares or Cerro de la Virgen. The clay was procured from areas near the settlement and is usually very poorly refined as many vessels include numerous non-plastic inclusions such as mica schists, quartz, feldspar, mica, etc.

It is clear that the presence of quartz fragments in the clay of crucibles and in cooking ware direct in contact by fire (casseroles and pots) reflects an intention to provide them with refractory

■ Ceramic bowl from El Malagón

■ Ceramic vessel

9

properties to withstand high temperatures. Along with this type of pottery is a great percentage of compact ware marked by a highly refined clay matrix devoid of non-plastic temper. This is the 'luxury' ware called orange and grey pottery that is common to Early and Middle Copper Age sites of the Millares Horizon. These types of vessels, characteristic of settlements of Granada's eastern plateaus (including El Malagón), yield clues on the circulation of these products between this inland area and the coastal settlements of Almería, such as Los Millares.

Also noted is the use of moulds of basketry or mats to model large platters and casseroles and even holes in the ground to fashion storage vessels. In the first case the vessels feature the negatives of baskets left on their outer surfaces. Their inner walls, in turn, underwent a careful surface treatment, either involving polishing or work with a spatula (spatulation).

The decoration of the pottery includes almagra (red ochre surface slip) and lip impressions. Also were discovered fragments bearing symbolic motifs characteristic of Los Millares. From the final phase

of the settlement are several potsherds bearing Bell Beaker 'Maritime' decors consisting of bands of oblique comb impressions alternating with free-standing bands. This combination is characteristic of the earliest period of the Bell Beaker horizon. The most common means of prehension are ribbon handles and lugs.

The pottery of the settlement falls into various categories based on different parameters: drinking vessels (bowls, plates, and platters), kitchen ware to produce and prepare food (casseroles, pots, and open-walled vessels), storage vessels (large pots), and other less abundant articles such as ladles, cheese making sieves, palettes, stands, and partitioned vessels. Those used in the metallurgical process are identical to the domestic cooking ware (pots and casseroles). These, along with moulds designed specifically for this type of work, are characterised by the addition of quartz temper to their matrix enabling them to withstand high temperatures without deforming or melting.

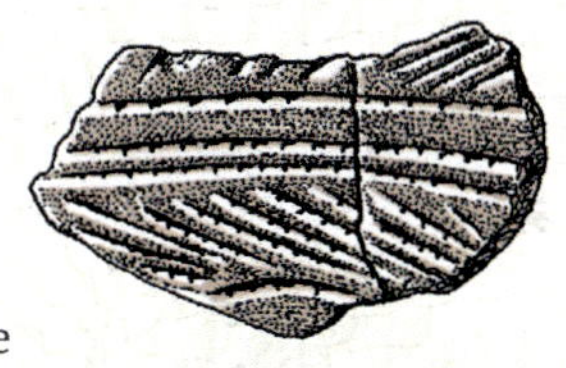

■ Fragments of Bell Beaker ware

vidence of textile work at the settlement is restricted to a large number of small crescent or horn-shaped objects, which comprise 94.8% of the finds made of clay. Of arched form and perforated at each end, they measure an average length of about 26 cm, have a circular section, and slightly flattened ends. Most are made of reddish or yellowish clay, and are both fired and unfired.

■ Small clay crescent or horns used as loom weights

These small crescents present small variations in thickness ranging between 0.6 and 3 cm, possibly depending on both the type of loom and the type of garment they were intended to manufacture. While those of smaller diameter are usually well-fired with spatulated or even burnished surfaces, the thicker ones, usually in the drying process prior to firing, reveal simple smoothing or lightly spatulated surfaces. Another unusual fact is that the greater their length, the more their ends tend to flatten, rendering these cases the thinnest of all.

Although these items were unearthed throughout the excavated area, most were concentrated in three groups: inside Hut F and outside Huts C and H.

There are notable differences between the three concentrations. The first comprises the unfired cases (hence poorly preserved) from the inside of Hut F just to the northwest. Associated with this group was a circular hearth, perhaps serving to fire them. The small horns of the other two cases found outside the huts were also associated with a hearth that could have served to fire them. This suggests that they could have been in the process manufacture.

What is surprising is the absence of other characteristic Chalcolithic implements associated with textile production such as perforated plaques, loom weights, and spindle whorls. Two artefacts that could nonetheless relate to the spinning process are discs, one of schist and the other of earth, possibly spindle whorls.

Basketry is well evidenced among the material finds particularly by means of their traces on pottery. A fairly common method of fashioning clay vessels was resorting to basketry moulds which left imprints on their surfaces. It is even possible to recognise both the types of plant fibres (esparto, bulrush, and hemp) and the weaving motifs and forms (checkered and diagonal, spiral, or 'pig's tail' stitching). It is therefore evident that, despite the lack of direct finds of basketry, elements such as esparto baskets and mats were undoubtedly very common among the objects of El Malagón, as well as at other contemporary sites where they have been preserved in calcined form.

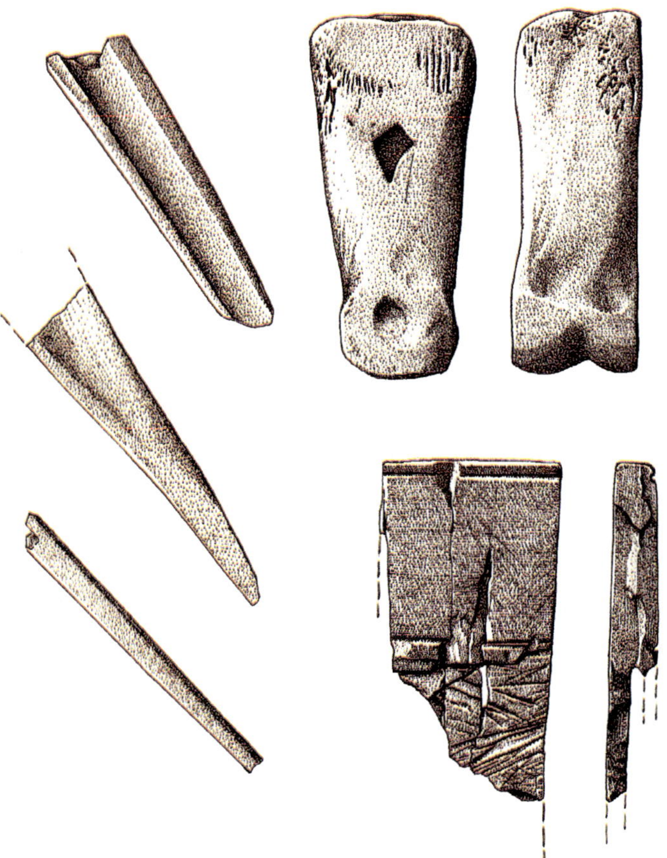

The excavations of El Malagón brought to light 169 artefacts made of animal bones, of which 149 fall under the category of implements (awls, pins, needles, and arrowheads) and 20 as ornaments (necklace beads and pendants) or symbolic objects (male anthropomorphic figures). Bone is more common than antler, ivory, and shell. Ninety-nine percent of the implements were fashioned from mammal bones, while there is only one case of a bird bone. Deer antlers and metapodials stand out among the wild species. The fibulae or tibia of suids were also widely used, although it is not possible to distinguish between wild boar and domestic pig. These types of implements were also predominantly fashioned from different bones, tibias, and metapodials of ovicaprids (Capra hircus/Ovis aries), which comprise more than 25% of the raw material.

The repertoire also includes ornaments made from allochthonous materials. Examples are mollusk shells (Glycymeris and Cypraea) from the Mediterranean,

■ Cypraea shells used as beads

11

and elephant ivory. This last material served to carve the famous symbolic anthropomorphic El Malagón idol. As in the case of the seashells, ivory is a type of material that circulated from distant sources and arrived in the Iberian Peninsula through exchange networks that began operating at the outset of the Copper Age.

The stone knapping industry of El Malagón has been studied in depth. As in other Chalcolithic settlements of the Los Millares Culture, it includes flakes, blades and bladelets, arrowheads, and serrated sickle elements. There are likewise drills, as well as chipped, denticulated, and geometric blades, scrapers, and some exceptional tools such as daggers or large denticulated blades. Arrowheads are very characteristic and can be broken down into three formal types: concave, stemmed, and tanged and barbed.

Flint, the most common raw material, was for the most part collected from nearby outcrops. The site also has yielded red jasper and red flint from the Internal Subbaetic system of the Los Vélez region. The cases of opalite and continental flint come from the Baza Basin, while the source of the filamentous and oolitic flint is thought to be the Sierra de Orce. A mine known as La Venta located in this latter area appears to be the source of a large portion of the siliceous rocks supplied to the site.

Polished stones are also abundant, notably in the form of chopping (axes and adzes), percussion (chisels, hammerstones, percuteurs), grinding (rubbers and querns), polishing (polishers, abrader) and decorative elements (perforated plates, beads). Others are symbolic objects such as idols.

These were procured from the local geological environment known as the Nevado-Filábride Metamorphic Complex by means of surface mining techniques. The manufacturing technology follows the Neolithic tradition of first chipping away the surface irregularities before polishing with water-assisted friction and abrasive elements (such as sand).

These polished tools served for carpentry (axes, adzes, and chisels), as well as for other everyday activities, including metalwork (hammers, pounders, and abraders) and the processing of cereal grains (rubbers and querns). Apart from these practices, one can also cite leather making which required sharp tools.

As in the case of many Chalcolithic settlements of this culture, evidence of funerary rituals stems from the excavation of cemeteries such as Los Millares, Terrera Ventura, and Almizaraque. However, no tombs directly related to El Malagón have been identified. It is possible to assume, as is the case of the aforementioned sites, that its residents were buried in circular chambers with flat or false dome roofs, entrance corridors, and covered by a mound of earth and stones. Their graves were likely collective with individuals placed in a prone position in the company of grave goods. However, one cannot rule out that they also resorted to burials in artificial caves, such as the Late Neolithic grave in the nearby site of Cueva Carada (Huéscar). Hence, based on the framework of examples from Granada's Upper Plateau, the defensive wall and their cemetery legitimised the feeling of the residents of Malagón as belonging to a cohesive community of a specific territory manifested through the development of collective burials in circular chamber tombs.

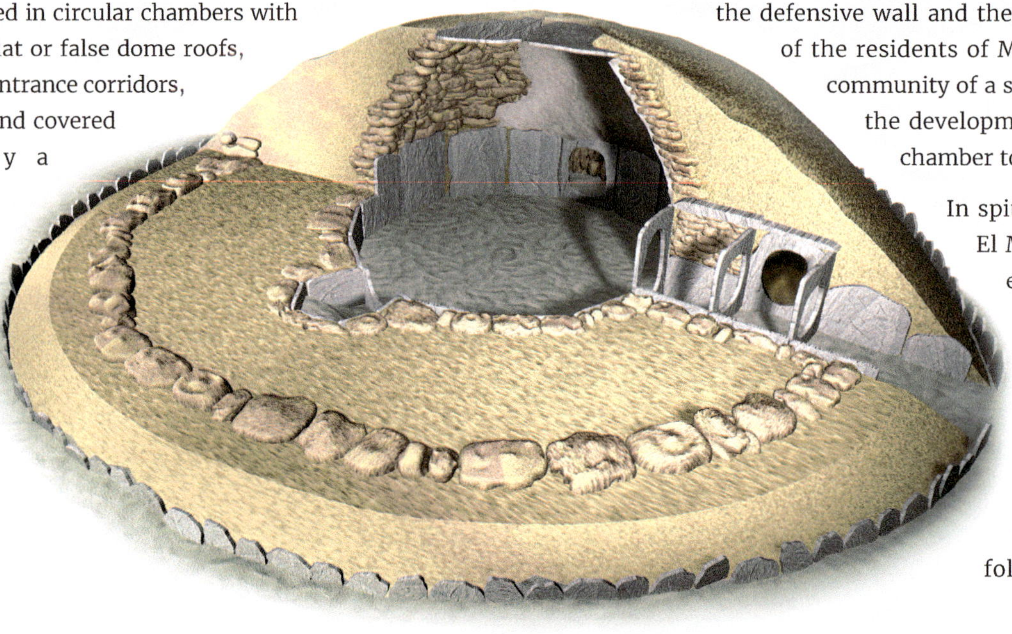

In spite of the lack of information about El Malagón's cemetery, the site yielded a number of material finds bearing symbolic value related to the spiritual world, notably the very common fine orange and grey ware. There are indications suggesting that the grey ware may have attained the interior from the coast, while the orange ware may have followed an opposite route. The ap-

12

pearance of 'Maritime' Bell Beaker ware in the settlement's final phase suggests the introduction of new rituals at the outset of the Late Copper Age possibly related to the consumption of alcohol.

The most characteristic symbolic elements of El Malagón are without a doubt the two anthropomorphic figures. The first of ivory was looted from the site but recovered by the research team at the beginning of the archaeological work. The second is of plaster found in a pit during the excavation of 1986 in the company of a deer antler. This feature positioned between the wall and the huts possibly formed part of a ritual linked to the founding of the settlement.

The figure of ivory, representing a male, is 16.6 cm high and is missing its arms and head. The head was presumably attached to the body by means of a tenon. The second plaster figure represents a female with her arms flexed and folded over her breasts, a gesture perhaps evoking abundance. Her head, with eyes, nose, ears, and eyebrows, is decorated with parallel vertical lines that, starting from the area marked by the eyebrows, run along the back in two parallel zigzag lines until

ending in what appears to be a short garment. This same zigzag decor is repeated from the ears to the chin. The figure's legs are missing at the knees.

■ Feet of an ivory idol from inside Cabin C

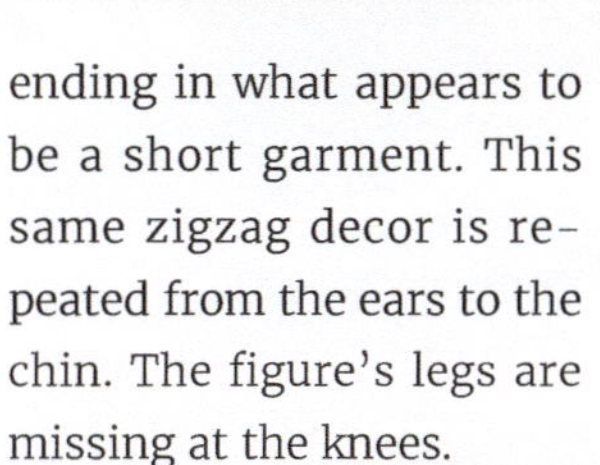

The settlement of El Malagón, like other nearby sites such as Cerro de la Virgen or Las Angosturas, formed part of the Los Millares Culture which was characterised by series of social groups that, around the 3rd millennium BC, blended settlement, burial, symbolic, and material culture features. They were complex societies, with heavily fortified settlements in a territory articulated by political centres of varying magnitude that controlled the population and the territorial resources by means of various dependent relationships where symbolism and religion played prominent roles.

Despite the modest extension of its excavation, the surface surveys suggest that Malagón possessed a complex pattern of fortifications, with a citadel in its innermost sector. This was possibly the home of elites formed by lineages or extended families who controlled symbolic products made from exotic materials and perhaps the redistribution of food and raw materials such as metals. Community life and the construction of walls, ditches, and fortifications was also surely coordinated, presumably involving a significant organisation and control of the community.

It is possible to assume the existence of a hierarchical society, with a series of settlements linked to a larger centrally located

■ View of the wall of Cerro de la Virgen

site, in this case the Cerro de la Virgen at Orce. The emergence of the first state societies with large political centres, such as Los Millares, Marroquíes Bajos (Jaén), or Valencina de la Concepción (Seville), is thought to have emerged since the Copper Age. These societies would have developed a system of taxation imposed on dependent settlements based on the circulation and control of grain, livestock, and metals.

A profound ideological crisis took place towards the middle of the third millennium throughout the societies of the southeast and Upper Andalusia with the appearance of Bell Beaker pottery and new metal types, especially weapons (arrowheads, long daggers with tang handles, etc.). These elements, although hardly present at El Malagón, are abundant at the nearby site of Cerro de la Virgen, where they may have played highly symbolic roles and whose production ensured for a certain time the settlement's central position. The ultimate abandonment of El Malagón can be explained as a consequence of its own reliance on the control of a specific resource, copper ore. Population movements during the Bell Beaker period could also have been a cause, as they may have led to the concentration of people in central settlements that controlled large territories, in this case at the nearby Cerro de

la Virgen, provoking the abandonment of various settlements dependent on very specific resources.

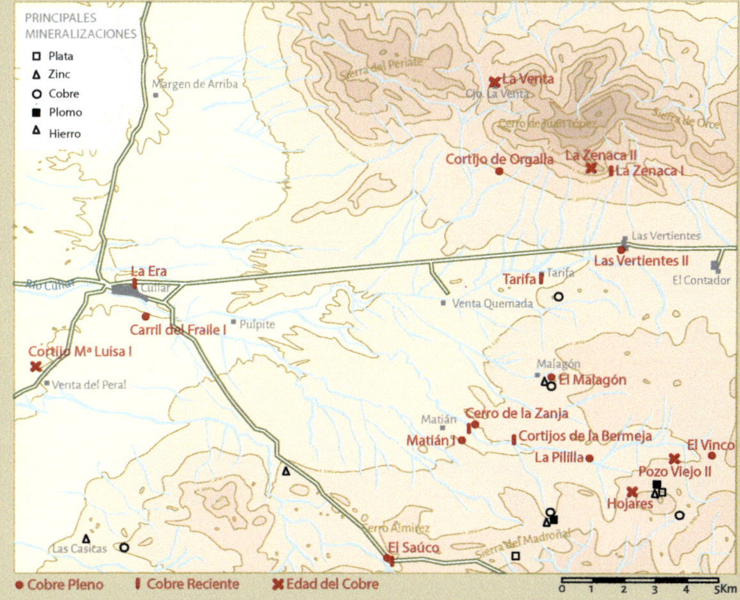

■ Copper Age sites and mineral resources in the Chirivel Corridor

■ Views of the site before and after its valorisation

Since the archaeological excavation in 1986, which included consolidation and protection of the structures in elevation, and the consolidation of excavation profiles a few years later, the site suffered and fell into a deplorable state.

The Provincial Council and the Cúllar City Council in collaboration with the Territorial Delegation of Culture in Granada ultimately initiated a plan of action in 2024 with the primary objective to put an end to the site's deterioration and restore it for public viewing. These works were directed by Auxilio Moreno and Luis García. After an assessment of the state of conservation of its structures, and based on the records of the excavation campaigns, the area was cleared and cleaned. Work then was initiated to protect and conserve the huts, the section of wall, and the bastions of the defensive system, followed by the restoration of the areas that had collapsed. The same material resources used initially for its construction were applied to its restoration: stone and basic lime mortar. This initial action also focused on consolidating fully excavated Hut E, which was experiencing serious issues of instability and significant losses around its perimeter as a result of natural erosion and rainwater seepage, which had gradually disintegrated the original mud mortar. To reinforce the structure from its foundation, two of the adjacent baulks had to be excavated following a strict methodology. The same was applied to part of the baulk to the northeast of the section of wall which yielded data on a bastion with access to the interior of the settlement.

The project was completed with a regularisation of the visitor itinerary through the interior of the settlement and the fencing of the archaeological site's perimeter. Thanks to this, the structures once again bear witness to one of the most compelling metallurgical prospecting settlements in the scientific world. A series of projects are scheduled in the framework of future calls from the Provincial Council to enhance its archaeological heritage. The focus of 2025 will be on the recovery of three new huts (C, D, and E), which will also require the excavation of several baulks. Work is planned for the following year on the section of the wall and the remaining defensive structures, as well as on the repositioning of explanatory panels in the area of the site, and the development of an interpretation centre in the facilities of the Municipality of Cúllar.

SCIENTIFIC TEAM

GUIDE

Texts

F. Molina González (University of Granada)

F. Contreras Cortés (University of Granada)

A. Moreno Onorato (University of Granada)

Design and layout

Miguel Salvatierra Cuenca (Drawer and graphic illustrator)

FIELDWORK TEAM

CAMPAIGN OF 1975

Direction

A. Arribas Palau (Universidad de Granada)

F. Molina González (Universidad de Granada)

Intervention team

F. de la Torre Peña (Universidad de Granada)

T. Nájera Colino (Universidad de Granada)

L. Sáez Pérez (Universidad de Granada)

Collaborators

F. Carrión Méndez (Universidad de Granada)

F. Blanco Gómez (Universidad de Granada)

CAMPAIGN OF 1983

Direction

Fernando Molina González (Universidad de Granada)

Francisco de la Torre Peña (Universidad de Granada)

Intervention team

Francisco Carrión Méndez (Universidad de Granada)

Francisco Contreras Cortés (Universidad de Granada)

Inocente Blanco de la Rubia (Universidad de Granada)

Auxilio Moreno Onorato (Universidad de Granada)

Antonio Ramos Millán (Universidad de Granada)

Mª. del Pino de la Torre Santana (Universidad de Granada)

CAMPAIGN OF 1986

Direction

F. de la Torre Peña (Universidad de Granada)

F. Molina González (Universidad de Granada)

Intervention team

F. Contreras Cortés (Universidad de Granada)

I. Blanco de la Rubia (Universidad de Granada)

N. López Godoy (Universidad de Granada)

A. Moreno Onorato (Universidad de Granada)

C. Ruíz González (Universidad de Granada)

COLLABORATING SPECIALISTS

Geology studies

J.L. Guzmán (Empresa Nacional Adaro, Madrid)

J.A. Peña Ruano (Universidad de Granada)

Metallurgy

I. Keesmann (Institut Für Geowissenschaften (J. Gutenberg Universität Mainz)

A. Moreno Onorato (Universidad de Granada)

A. Kronz (J. Gutenberg University of Mainz)

P. Maier (J. Gutenberg University of Mainz)

Z. Hezarkhani-Zolgharnian (J. Gutenberg University of Mainz)

D. Hook (British Museum Research Laboratory)

P. Craddock (British Museum Research Laboratory)

N. Meeks (IAMS, London)

S. Rovira LLorens (Archaeological Museum, Madrid)

I. Montero Ruiz (CSIC, Madrid)

Anthracological analysis

O. Rodrígez Ariza (Universidad de Granada)

Carpological analyses

R. Buxó Capdevila (University of Barcelona)

Pollen analyses

G. Becerra

Lithic Analyses

F. Carrión Méndez (Universidad de Granada)

E. Rull

A. Ramos Millán (Universidad de Granada)

G. Martínez Fernández (Universidad de Granada)

J. Afonso Marrero (Universidad de Granada)

Pottery analyses

F. Contreras Cortés (Universidad de Granada)

A. Moreno Onorato (Universidad de Granada)

F. Molina González (Universidad de Granada)

J. Capel Martínez (Universidad de Granada)

Fauna analyses

Mª.L. Garnica (Universidad de Granada)

Analyses of the worked bones

V. Mérida González (Universidad de Granada)

J.A. Riquelme Cantal (Universidad de Granada)

Aerial photography

Paisajes Españoles S.A. and L. García Pulido

Fieldwork photography

F. Molina González (University of Granada), A. Moreno Onorato (University of Granada) y J. Martínez García (Photography of Cerro de la Virgen)

Drawings

M. Salvatierra Cuenca (Drawer and graphic illustrator)

Occasional collaborators

José A. González Alcantud (Drawer and graphic illustrator)

I. Rus (Complutense University of Madrid)

R. Santamaría (Autonomous University of Madrid)

J. Martínez García (Universidad de Granada)

R. Molina González

L. López Quirantes (Universidad de Granada)

H. Ruíz Ruíz (Universidad de Granada)

Surface survey of the site's surroundings

J. Castilla Segura (Universidad de Granada)

M.A. Hitos Urbano (Universidad de Granada)

Mª.G. Maldonado Cabrera (Universidad de Granada)

Mª.V. Ruíz Sánchez (Universidad de Granada)

CONSERVATION AND VALORISATION OF THE SITE

A. Moreno Onorato (Universidad de Granada)

L. García Pulido (Architect of the CSIC, Granada)

ARRIBAS, A.: El ídolo de "El Malagón" (Cúllar-Baza), Granada, *Cuadernos de Prehistoria de la Universidad de Granada 2*, pp. 63-86, 1977.

ARRIBAS, A., MOLINA, F., TORRE, F. de la, NÁJERA, T. y SÁEZ, L.: El poblado eneolítico de El Malagón, de Cúllar-Baza (Granada), *Actas del XIV Congreso Nacional de Arqueología (Vitoria, 1975)*, Zaragoza, 1977, pp. 319-324.

ARRIBAS, A., MOLINA, F., DE LA TORRE, F., NÁJERA, T. y SÁEZ, L.: El poblado de la Edad del Cobre de "El Malagón" (Cúllar-Baza, Granada). Campaña de 1975, *Cuadernos de Prehistoria de la Universidad de Granada* 3, pp. 67-116, 1978.

BUXÓ, R.: Resultados del análisis de semillas y frutos del poblado de El Malagón (Cúllar, Granada). Capítulo de Tesis Doctoral (inédita). Universidad Autónoma de Barcelona, 1992.

KEESMANN, I., MORENO ONORATO, A. y KRONZ, A.: Investigaciones científicas de la metalurgia de El Malagón y Los Millares, en el sureste de España, *Cuadernos de Prehistoria de la Universidad de Granada* 16-17, pp. 247-302, 1991-92.

MORENO ONORATO, A.: *El Malagón. Un asentamiento de la Edad del Cobre en el Altiplano de Cúllar-Chirivel*, Tesis Doctorales de la Universidad de Granada (microfichas), Granada, 1994.

MORENO ONORATO, A., CONTRERAS CORTÉS, F. y CÁMARA SERRANO, J.A.; Patrones de asentamiento, poblamiento y dinámica cultural en las tierras altas del Sureste peninsular. El pasillo Cullar-Chirivel durante la Prehistoria Reciente, *Cuadernos de Prehistoria de la Universidad de Granada* 16-17, pp. 191-245, 1991-92.

MORENO ONORATO, A., GARCÍA PULIDO, L., CONTRERAS CORTÉS, F. y MOLINA GONZÁLKEZ, F.: Proyecto para la conservación, protección y puesta en valor del yacimiento arqueológico de la Edad del Cobre de "El Malagón". Cúllar, Granada. *Memoria de actuaciones Programa Provincial de Conservación y Uso del Patrimonio Arqueológico y Paleontológico Rural 2022-2023*, pp. 74-81. Diputación de Granada, 2025

RAMOS MILLÁN, A.: *Estudio de las fuentes de aprovisionamiento de materias primas para las industrias de piedra tallada del poblado de El Malagón*, Tesis Doctorales de la Universidad de Granada (microfichas), Granada, 1987.

RODRÍGUEZ ARIZA, M.O.: *Las relaciones hombre-vegetación en el sureste de la Península Ibérica durante las edades del cobre y bronce a partir del análisis antracológico a partir de siete yacimientos arqueológicos*, Tesis Doctorales de la Universidad de Granada (microfichas), Granada, 1992.

RODRÍGUEZ ARIZA, M.O., VALLE, F. y ESQUIVEL, J.A.: The vegetation from the Guadix-Baza (Granada, Spain) during the Copper and Bronze Ages based on anthracology. *Archeologia E Calcolatori* 7, pp. 537-558, 1996.

TORRE, F. de la, MOLINA, F., CARRIÓN, F., CONTRERAS, F., BLANCO, I., MORENO, A.; RAMOS, A. y TORRE, P. de la: Segunda campaña de excavaciones (1983) en el poblado de la Edad del Cobre de "El Malagón" (Cúllar-Baza, Granada). *Cuadernos de Prehistoria de la Universidad de Granada* 9, pp. 131-146, 1984.

TORRE, F. de la, MOLINA, F., CONTRERAS, F., MORENO, Mª.A., BLANCO, I. y RAMOS, A.: El poblado de la Edad del Cobre de "El Malagón" (Cúllar, Granada, España). Origens, *Estruturas e relaçoes das Culturas Calcolíticas da Península Ibérica. Actas das I Jornadas Arqueológicas de Torres Vedras (3-5 Abril 1987)* (M. Kunst, coord.), Trabalhos de Arqueologia 7, pp. 255-261, Lisboa, 1995.

TORRE, F. de la y SAEZ, L.: Nuevas excavaciones en el yacimiento de la Edad del Cobre de "El Malagon" (Cúllar-Baza, Granada), *Homenaje a Luis Siret (1934-1984)*, pp. 221-226, 1986. Consejería de Cultura de la Junta de Andalucía. Sevilla.

AEAN-4.